にっぽん歴史町めぐり

古きよき城下町、宿場町、温泉街から花街まで

X-Knowledge

にっぽん歴史町めぐり

目次

関東

甲信越

北陸

東海

関西①

京都・滋賀

関西②

大阪・兵庫・奈良・和歌山

中国

九州②沖縄

大分・宮崎・鹿児島

編集協力・執筆 上村真徹、滝川正美、榊原久史、
庄内美帆里（株式会社ダン）
土金哲夫
ブックデザイン 米倉英弘（細山田デザインオフィス）
DTP 横村 葵
印刷・製本 シナノ書籍印刷株式会社

本書の見方

旧二番丁通りの町並み。国指定重要文化財の志摩（左手前）は、茶屋街創設の文政3年に建てられた典型的な茶屋建築
茶屋町
石川県 金沢市
東山ひがし
切妻造平入
POINT 東山の出格子
出格子とは柱間から外側へ出窓のように突き出して造られる格子
貫
内側
外側
断面が台形の竪子を密に並べる
東側の高台から眺めた「ひがし」の町並み。細長い建物が並び、短冊状の地割がよく分かる
◎交通…JR北陸新幹線・北陸本線「金沢駅」から北鉄バスで約7分、「橋場町」下車徒歩約5分
◎公開施設…志摩、お茶屋文化館、懐華樓
多彩な伝統文化が息づく
城下町・金沢で花開いた
茶屋街の趣を残す
加賀百万石とうたわれた前田家の城下町・金沢。東山は金沢城の北東、浅野川の東側にあって、卯辰山麓の寺院群と隣接する町人地。この地に加賀藩公認の茶屋街（※2）が開設されたのは文政3年（1820）のこと。犀川の西に置かれた「にし」の茶屋街に対して、「ひがし」と通称される。今日でも「ひがし」には江戸後期から明治初期の茶屋建築が多数現存する。
町並みの特徴は軒高を揃えた2階建が連なっていることで、1階正面に華やかな弁柄色（※3）の出格子（※4）をもつ。目の細かい格子はキムスコと呼ばれ、外からは見えにくく、内からは外が見通せるよう断面が工夫されている。2階は座敷を通り側に置いて、高欄を付けた縁側を設けているものが多い。
190
※2：芸妓を呼ぶ「お茶屋」が集まった区域　※3：暗い赤みを帯びた茶色　※4：窓から外に張り出して造られた格子

町並みの種類

所在都道府県・市町村

町並みの名称

町で一般的な建物の特徴

町並みのポイントとなる建築的特徴

アクセス・公開施設データ

本文内に注釈マークが入った言葉は欄外で説明

※背景色がこのカラーの町は伝建地区に選定されていない町です

5分でわかる古い町並みの見方

1. 国が太鼓判を押す町並みがある

全国各地に残る、歴史的な古い町並みを守るため、昭和50年（1975）に伝統的建造物群保存地区制度が発足。国によって「歴史的風致を形成している伝統的な建造物群で価値が高い」と判断されたものを重要伝統的建造物群保存地区（以降、伝建地区）に選定されている（令和5年7月現在で126地区）。本書ではその伝建地区を中心に、その他の魅力的な景観が見られる町並みも紹介する。

全国にある伝建地区

北海道	1件	近畿	22件
東北	9件	中国	20件
関東	6件	四国	8件
甲信越	10件	九州	22件
北陸	16件	沖縄	2件
東海	10件		

2. 町の歴史が町並みを決める

町にはそれぞれ歴史がある。そして、個別の地理的・社会的要因を背景に重ねられていった歴史は、人々が生活を営む町並みに大きな影響を与える。つまり、その町がどんな歴史とともに成り立ち発展したかを知ることで、町並みの特徴がおのずと見えてくる。

町の分類とその一般的特徴

大分類	小分類	特徴
宿場の町	宿場町	陣屋を中心に宿場を形成。本陣、旅籠、住民の町家が街道沿いに並ぶ。間口の狭い短冊形の地割が一般的で、防衛のため町の出入口に枡形（ますがた）を設けたところもある
	講中宿（こうちゅうやど）	「講」と呼ばれる神仏に参拝に行く集団の定宿が参詣道に沿って立つ。山岳信仰との結びつきから山間部に形成されることが多く、宿の土間は多くの宿泊客が一度に出入りできるよう広くなっている
商業の町	商家町	交通の要衝にあり商業の中心地として発展。豪壮な町家（店舗兼住宅）や蔵が並ぶ。一般的に短冊形の地割で間口は狭いが、豪商の家屋には間口が広いものも見られる
	在郷町（ざいごうまち）	農村地域にありながら農産物などの商取引によって町として発展し、商家町と農村の性格を併せもつ。在郷町になる以前の町割を踏襲することが多く、在郷商人の町家や蔵、農民家屋が並ぶ
武家の町	城下町	城を中心とする碁盤の目状の町割に、武家地や町人地を配置。城の出入口に方形の空き地を築いた枡形を設けるなど、外敵からの防御機能を備えた町割をもつ
	武家町	風格ある武家屋敷が並ぶ町並み。広大な敷地に立つ屋敷は立派な門や塀をもち、周囲に生垣や屋敷林を構える地域もある
産業の町	養蚕町（ようさんまち）	蚕室（さんしつ）をもった養蚕農家の集落。厳しい気候の山間部で自給自足するため農業と兼業することが多く、農村集落の特徴も併せもつ
	醸造町	酒や醤油の醸造所や商店が集まる町並み。敷地の間口はおおむね広く、店舗の隣または背後に蔵を構えている
	茶屋町	町人地のそばに生まれた、芸能の町らしく情緒のある町並み。短冊形の敷地に建てた間口の狭い町家が、狭い道に沿って連なる
	農村集落	農家を中心に形成された町。地区内には農耕地や水路が整備され、比較的余裕のある地割に農家の屋敷や民家が立ち並んでいる
	山村集落	山腹の斜面や山間に形成された小規模な集落。険しい地形を切り開いた敷地に、各地方の厳しい気候に耐えうる構造を考え出された民家が集まる
社寺の町	門前町	寺社の門前に開かれた、商人地らしい町並み。門前までの参道沿いに、参詣者を迎え入れた商店や旅籠が立ち並ぶ
	寺内町（じないまち）	寺社の信徒が集まる自治集落。碁盤の目状の町割に、間口が狭い短冊形の地割が一般的。外部からの侵入を防ぐ濠や土塁などの防御施設が築かれた
	社家町（しゃけまち）	神官（社家）の住む大きな屋敷が集まった町。土塀で囲まれた敷地はおおむね広く、意匠を凝らした庭園を設けている
	里坊群（さとぼうぐん）	山を下り隠居した僧が住む「里坊」と呼ばれる屋敷が集まった町並み。総里坊に定められた寺院を中心に、狭い道に沿って立ち並ぶ
港湾の町	港町	海運業の寄港地・中継地として栄え、交易に携わった人々の家屋や港湾施設の遺構が残る。また、明治時代に開港地に定められ、西洋文化の影響を受けた洋風建築が立ち並ぶ町も含む

※その他の集落：鉱山町、漆工町（しっこうまち）、鋳物師町（いもじまち）、製磁町、製織町（せいしょくまち）、製蝋町（せいろうまち）、製塩町、染織町、寺町、温泉町、漁村、船主集落

3. 町並みをつくる建物の特徴を見つける

古い町並みを構成する家々には町ごとに建築的な特徴をもつ。これらの共通点は町の歴史や地理的条件を反映している。まずは、個々の建物の形をとらえてみよう。それには屋根に注目するとよい。次に出入口の位置を見て、町並みに共通するものを探し出そう。

屋根で見わける

（1）形

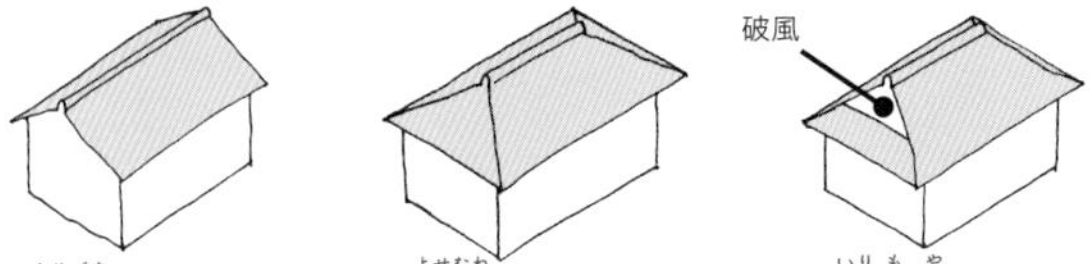

切妻（きりづま）
最もシンプルな形。
町家でよく見られる

寄棟（よせむね）
切妻に次いで多い。
茅葺民家でよく見られる

入母屋（いりもや）
寺社建築でも見られ
重厚な印象を与える

（2）屋根葺材

瓦	本瓦	社寺や古い建物に多い。重厚感がある
	桟瓦	江戸時代以降から一般家屋に普及
その他	茅葺	農村などで今も残る
	板葺	板の上に石を置いた石置き屋根は庶民の家に多い

出入口の位置で見わける

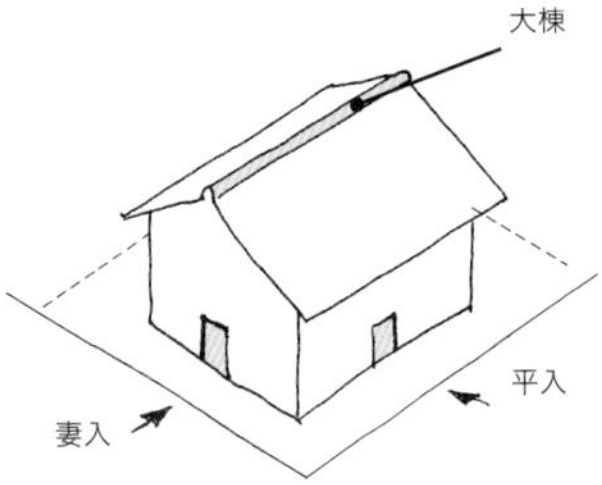

妻入　大棟に垂直な壁面（妻）に出入口がある

平入　大棟に平行な壁面（平）に出入口がある

格子の種類と部材名称

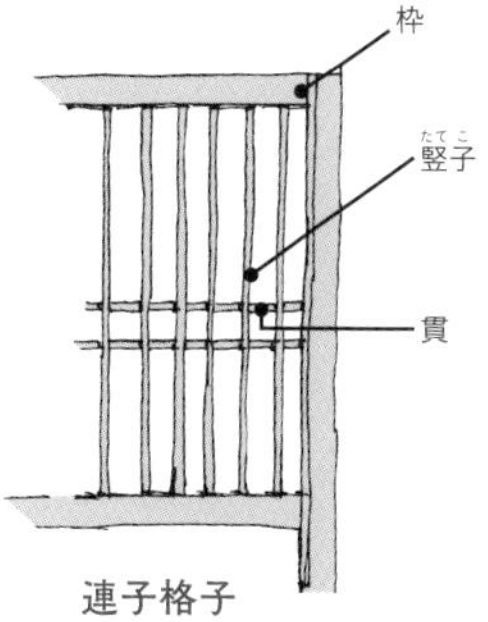

連子格子

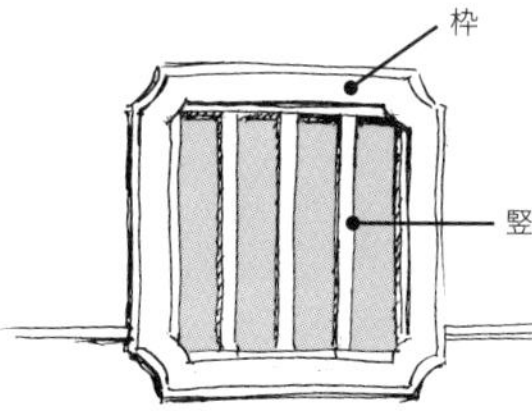

虫籠窓

外壁の種類と部材名称

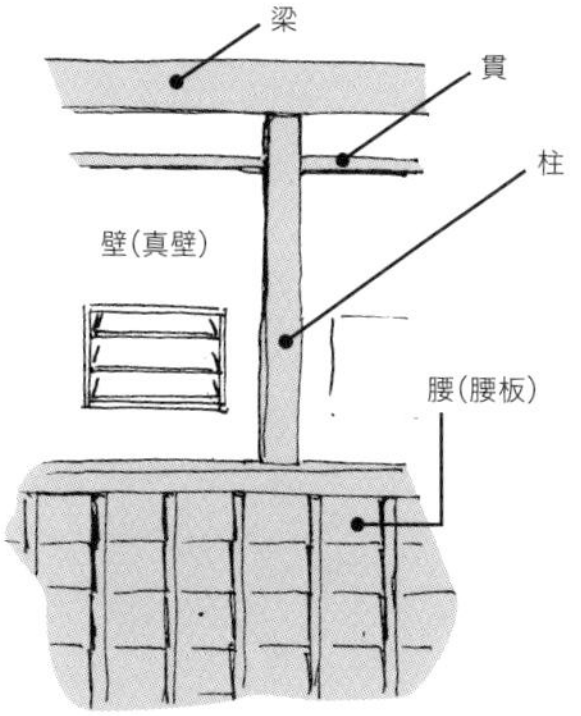

真壁

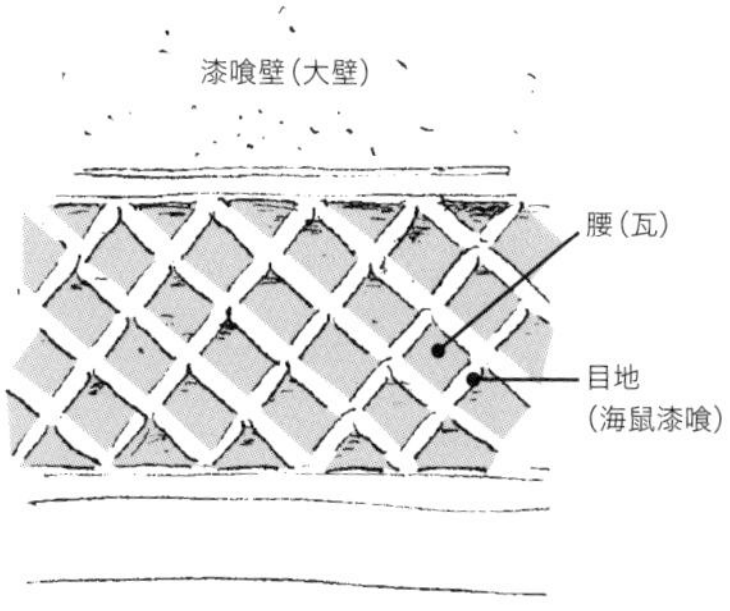

海鼠壁

4. 特徴的なディテールを見つける

開口部や外壁にも共通点が見出しやすい。

（1）開口部

開口部に設ける格子のデザインはさまざまだが、茶屋町では繊細な細い竪子を並べた連子格子が、商家町ではがっしりとした太い竪子が入った台格子が特徴的。1階には出窓状の出格子も見られる。漆喰で仕上げた2階の壁に、漆喰で竪子を塗り込めた虫籠（むしこ）窓を設ける家もある。

（2）壁

古い町並みで見られる木造建築の壁は、柱・梁を見せた真壁（しんかべ）造のほか、柱・梁を漆喰などで塗り込めた塗屋（ぬりや）造（大壁造）などがある。漆喰を保護するために部分的に瓦や板を張るものもある。海鼠壁もその1つ。なお壁だけでなく、軒下までも土壁や漆喰で塗り込めたものは蔵造という。塗屋造や蔵造は、防火建築として商家の建物に採用された。

北海道・東北

雪国ならではの町並みが特徴的。深い軒下が通路になっている「こみせ」や土蔵を上屋で覆った「内蔵」など、積雪期の厳しい気候から生活を守るさまざまな工夫が各地で見られる。

p.16

黒石市 中町こみせ通り

◉商家町

雨や雪を防ぐため建物の正面に設けられた、深い庇がアーケード状に連なる「こみせ」で知られる町並み。

p.22

弘前市 仲町

◉武家町

敷地境にサワラの生垣や黒板塀を構え、立派な門をもつ武家屋敷の町並みは何ともいえない落ち着きがある。

p.23

金ケ崎町 城内諏訪小路

◉武家町

ヒバの生垣と石積が武家屋敷の外構え。内側には風を防ぐスギなどの屋敷林が植えられ、生垣の切れ目を敷地への出入口としている。

p.23

村田町 村田

◉商家町

店蔵と呼ばれる重厚な蔵造の店が並ぶ町並み。店蔵とその南隣に構えた門が家ごとに交互に連続する景観は独特。

p.27

下郷町 大内宿

◉宿場町

ほぼ同じ大きさに建てられた茅葺民家が、旧街道沿いに整然と並ぶ宿場町の景観は何ともいえない美しさ。

p.22

函館市 元町末広町

◉港町

海を望む函館山麓に大小の坂道が走り、旧函館区公会堂をはじめ、洋風の歴史的建造物が並び異国情緒を醸し出す。

p.24

仙北市 角館

◉武家町

道幅約11mもの大通りに沿って重厚な黒板塀と門が続く武家屋敷の町並み。敷地内から外を覗く「武者窓」付きの塀があるのも武家町ならでは。

p.26

横手市 増田

◉在郷町

厳しい風雪から土蔵を守るため、鞘といわれる建物で覆う「内蔵」で知られる。増田には48棟もの内蔵が現存している。

p.29

尾花沢市 銀山温泉

◉温泉町

細い谷間を流れる川の両岸に古い旅館が立ち並ぶ温泉街。町中の鏝絵やガス灯がレトロな情緒を醸し出す。

p.28

喜多方市 小田付

◉在郷町・醸造町

喜多方市の中心市街地に位置する在郷町。表通りに沿って並ぶ店蔵などの多様な土蔵は、醸造業が栄えた証でもある。

p.28

南会津町 前沢

◉山村集落

山深い集落に今も残る、L形平面をもつ曲家は中門造といわれ、この地方独特のもの。妻壁のデザインにも注目したい。

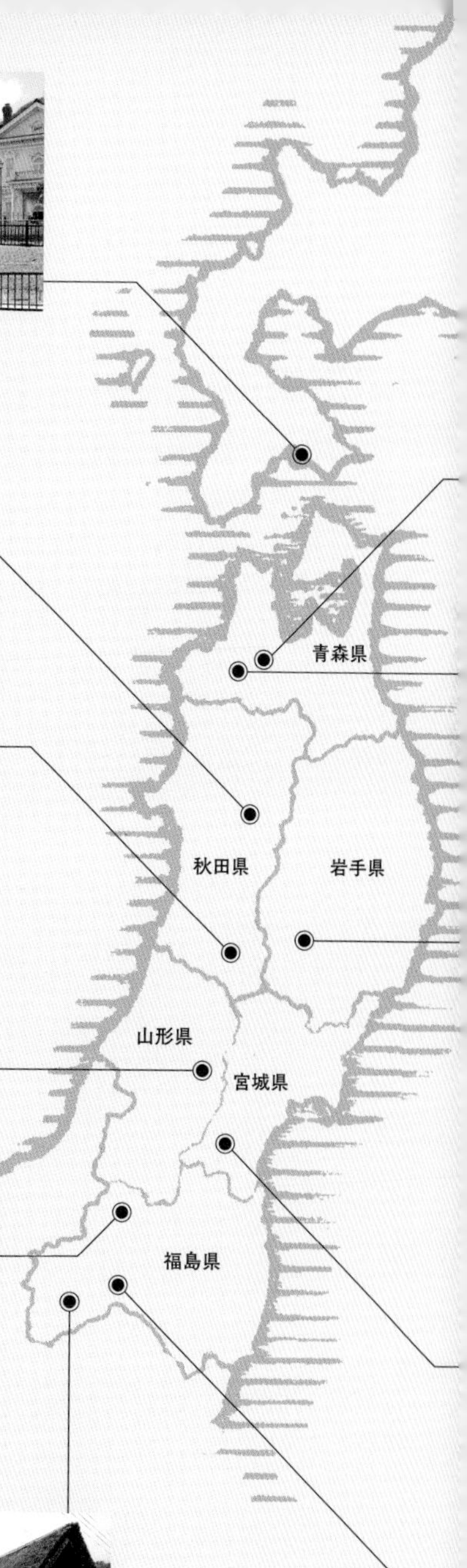

商家町

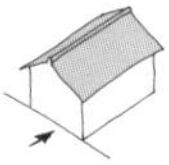

青森県 黒石市 中町こみせ通り

雪国の生活を守る、風情ある木造アーケード

黒石の中心にあたる中町地区には「こみせ」と呼ばれる深い庇がアーケードのように連なり、庇の下は通路として使われる。夏の日差しや冬の風雪から歩行者を守るこみせは、市民の共有財産として保存されてきた。

津軽地方の南東端に位置する黒石は、明暦2年（1656）に弘前藩の支藩である黒石藩と後に陣屋（※1）が置かれた。その陣屋を中心に北側には武家町、その東側の浜街道沿いには商家町が整備されていった。黒石は弘前と青森を結ぶ浜街道の中間にあったことから、商家町の東部にあたる中町を中心に物流拠点として発展。米穀や醤油を製造販売していた高橋家住宅や、文化3年（1806）創業の造り酒屋である鳴海家住宅など大規模な商家が建てられた。

そんな中町の町並みを特徴づけるのが、商家の前面に連なる「こみせ」。黒石藩祖・津軽信英が町割（※2）を

POINT

黒石のこみせ

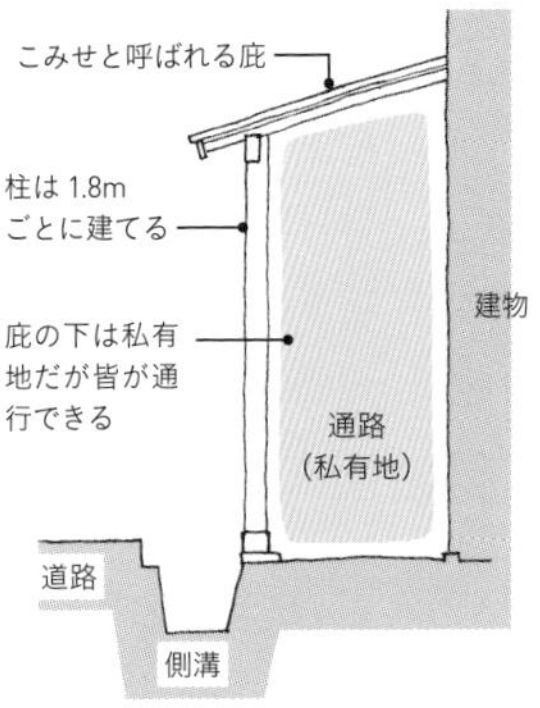

※1：江戸時代に代官が任地に構えた役所や屋敷。または小藩の大名の居所

江戸中期から明治時代にかけて建てられた大規模商家が並び、前面に設けた深い庇が連続する「こみせ通り」。「日本の道百選」にも選ばれている。写真の建物は、宝暦13年（1763）ごろの建築とされる国重要文化財の高橋家住宅

行った際に造らせたとされる。こみせとは、通りに面して1間（約1.8m）ごとに建てた柱に、商家の建物から1階の高さに合わせて掛けられた庇のこと。庇の出は深く、庇下の空間は幅約1.3〜1.9m、通路は現在、コンクリート敷または石畳になっている。本来は各家の私有地だが誰もが通行でき、日差しや風雪から歩行者を保護するアーケードとして機能している。その構造は、建物の1階の高さに合わせて庇を付ける「落とし式」。冬になると柱と柱の間に「しとみ」（18頁下写真）と呼ばれる衝立（ついたて）を落とし入れ、開放感を損なうことなく雪の吹き込みを防ぐ仕組みをもつ。こみせの基本構造やサイズはおおむね共通しているが、その外観は家によって若干異なる。庭へと続く入口部分に入母屋（いりもや）屋根を設置したり、柱から看板を出したり意匠を凝らしている。また、こみせの柱には、馬の手綱をつなぐ際に用いた「さつなぎ」と呼ばれる鉄の環が打ち付けられ、古い商家の前に多く残っている。

※2：町全休の土地を複数の道路で区画整備すること。またはその区画整備によって生まれた町並みの形態

庇下は通路になっている。石畳が敷かれ、伝統的な商家建物と一体化した開放的な空間だ

冬になると柱と柱の間全面に「しとみ」を落とし込んで、雪の吹き込みを防ぐ。板戸が一般的だが、ガラス戸を入れる店もある

こみせは商家建物の屋根より緩い2寸前後の勾配。50〜60cmほど道路側にはみ出た軒先から側溝に雨だれや雪が落ちる仕組み

大正2年（1913）創業の中村亀吉酒造。梁を重ねた妻面の意匠は、黒石の大規模な商家によく見られる特徴

こみせの意匠はよく見ると家々によって違いがある。写真はこみせの上に入母屋屋根を設けた鳴海家住宅

高橋家住宅の玄関には、津軽地方の大規模商家によく見られた吊り上げ式大戸が今も残っている

通り沿いに立ち並ぶ商家は棟高の低い切妻造（※3）妻入（※4）2階建のものが大半で、外壁は真壁造の白漆喰仕上げ。多くの間取りは表口から裏口へ抜ける通路として設けた通り土間に沿って部屋が並ぶ。国重要文化財の高橋家住宅は、吊り上げ式大戸・吹き抜け天井・出格子など津軽地方における大型商家の典型的な造りをもつ。他にも、こみせの全長が23・5間（約42・3m）にも及ぶ鳴海家住宅や、2階正面開口部に格子戸を設けた中村亀吉酒造など、昔ながらの店構えを守る商家が今も営業を続けている。

間口の広い大規模な商家を中心に、建物と前面の庇が一体となって連なる商家町の古いたたずまいは、かつて東北地方で多く見られた。今も、当時の面影を残す黒石の町並みは大変貴重なものである。

◎交通…弘南鉄道「黒石駅」から徒歩約15分
◎公開施設…高橋家住宅、鳴海家住宅、松の湯交流館

※3：四角形の屋根2枚を山形に合わせた形状　※4：大棟と垂直な面に出入口を設けた様式

【寄り道ガイドマップ】

黒石市

中町こみせ通りがある市街地から車で20～30分ほど足を伸ばせば、黒石の歴史や文化をより広く体験できる。歴史ある温泉地で1泊してじっくり巡りたい。

浄仙寺

黒森山の中腹にあり、境内は泉水とあやめの名所としても有名。裏山には郷土の文人の文学碑が数多くあり「文学の森」と称されている

お山のおもしえ学校

廃校の校舎を活用し、昭和の生活道具展や多様な体験教室を開催。土曜・日曜のみ。11月～4月閉館

中野もみじ山

享和2年（1802）、弘前藩主の津軽寧親（やすちか）が京都からカエデの苗を取り寄せ移植。紅葉の名勝として名声が高まった。中野川の渓流や不動の滝と織りなす色鮮やかな自然美は圧巻で、京都の嵐山に対して「小嵐山」と呼ばれている。また林の中には「津軽三不動尊」の1つに数えられる中野神社があり、樹齢200年のモミジや樹齢600年の大杉を見ることができる

カタクリの小径（こみち）

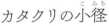

群生の規模では日本有数というカタクリの花が雷（いかずち）山に咲き、毎年4月下旬～5月上旬に「カタクリの小径の会」が鑑賞イベントを開催している

青荷（あおに）温泉

ランプの宿として知られる、山々に囲まれた静かな一軒宿の秘湯。館内や風呂場の灯りはランプのみとなっていて、ほのかに明るく照らされた独特の風情に浸りながら露天風呂など4カ所の湯巡りが楽しめる

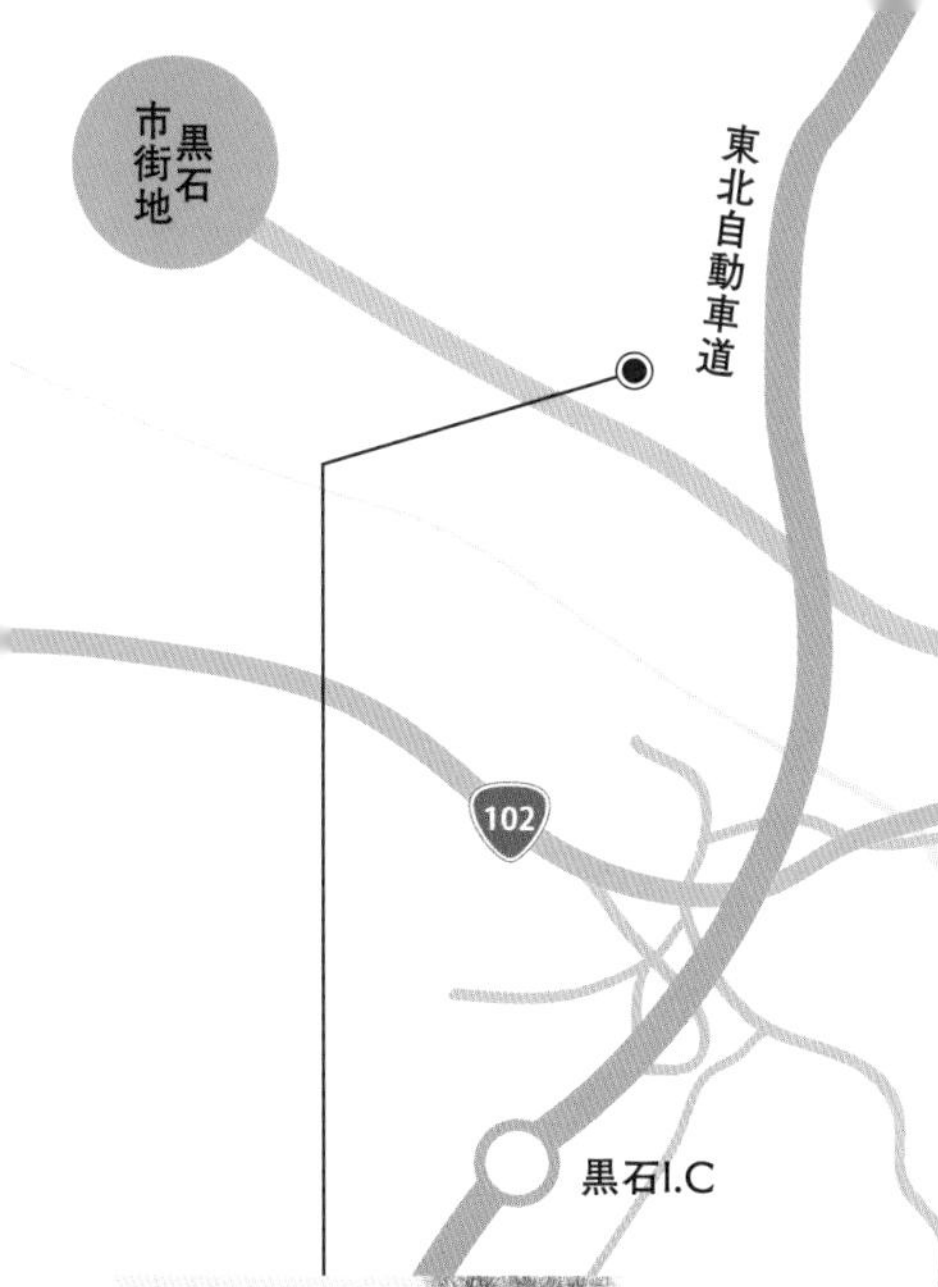

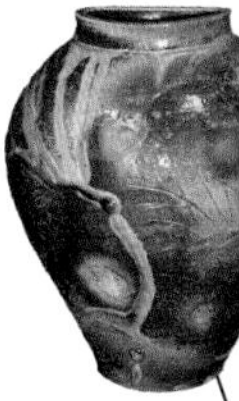

津軽烏城（うじょう）焼 三筋工房

青森出身の陶芸家・今井理桂が、釉薬を用いずに焼く自然釉（しぜんゆう）にこだわった烏城焼の逸品を展示・販売。作陶の模範に蒐集した六古窯を中心とする陶磁器も展示している。火曜休

温湯（ぬるゆ）温泉

400年以上の歴史をもち、よく温まる湯から温湯という名が付いた。客舎と呼ばれる湯治用の宿が共同浴場を囲むように立ち並び、素朴な雰囲気を醸す（写真は飯塚旅館）

りんご史料館

英国のイーストモーリング研究所を参考に建てられ、青森りんごの歴史・栽培・健康についての展示や体験ゾーンが設けられている。平日9時～16時。土日祝、年末年始は休館

津軽こけし館

全国から約5,000本もの伝統こけしなどを蒐集して展示。樹齢300年以上の大木から制作した、日本一の大きさを誇るジャンボこけしや木地ダルマも名物。年末年始休

落合温泉

山裾に温泉宿が立ち並ぶ「黒石の奥座敷」。橋のたもとに共同浴場がある

黒石観光りんご園

広大な津軽平野と岩木山を望む園内で、新鮮なりんごを直接もぎ取って味わえる。9月上旬～11月中旬まで開園。9時～16時

浅瀬石川ダム

県内最大規模を誇る多目的ダムとして昭和63年（1988）に完成。国道沿いには「道の駅 虹の湖公園」が整備されている

0 1km

港町

北海道 函館市

元町末広町（もとまちすえひろちょう）

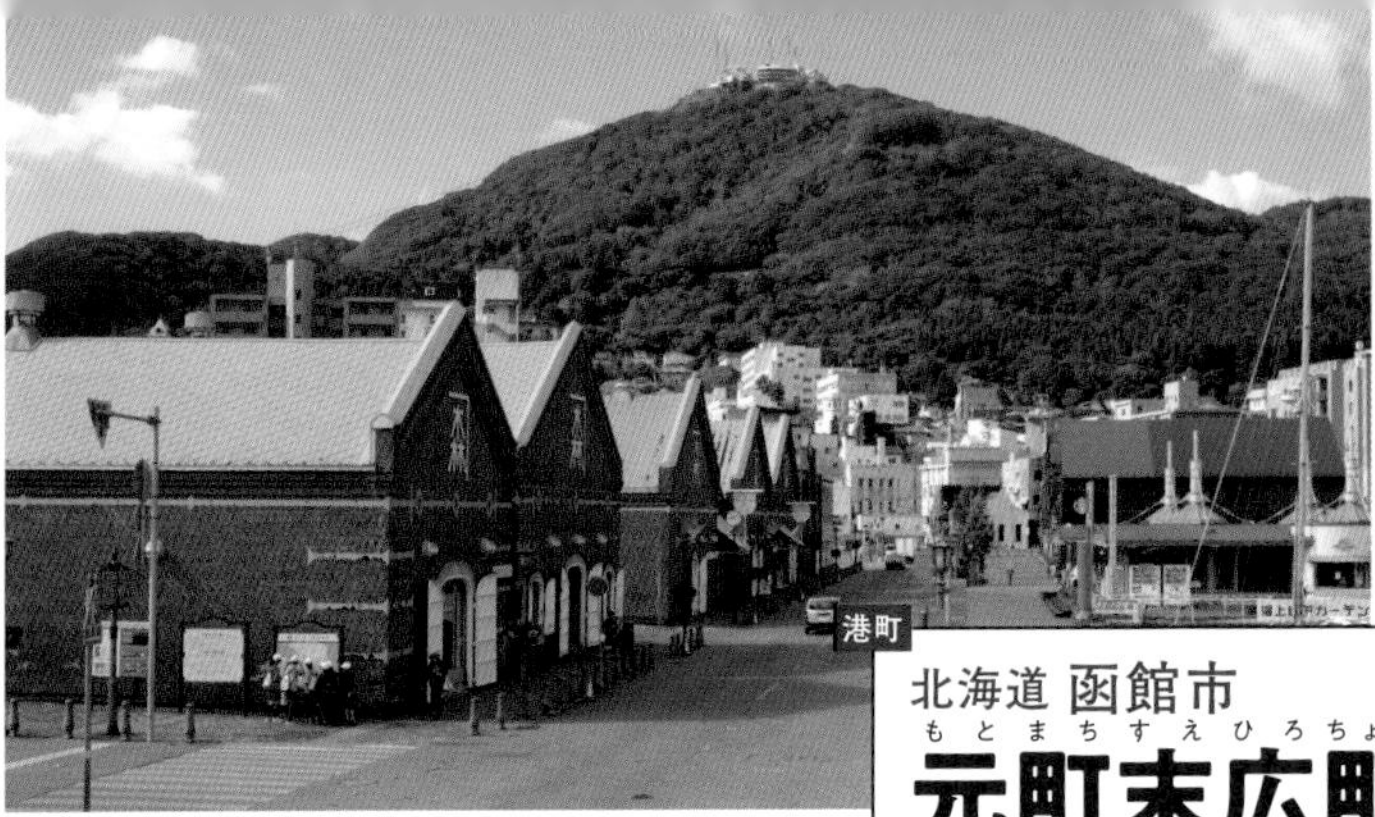

火災後の明治42年（1909）に再建された金森赤レンガ倉庫。外壁はレンガを2枚半の厚さ（55㎝）で積み、内部の柱は木骨

◎交通…函館市電「末広町」停留場からすぐ

和洋の文化が混在した開港場ならではの景観が函館山麓から港まで続く

安政6年（1859）に日本初の対外貿易港として開港された函館。ここは古くから西洋の文化を取り入れた町ならではの異国情緒が漂う。コリント式柱頭（ちゅうとう）飾りをもつ旧函館区公会堂、ビザンチン様式の函館ハリストス正教会、重厚な金森赤レンガ倉庫、1階が和風で2階が洋風の和洋折衷町家など。明治から昭和初期にかけて建てられた歴史的建造物が、そのカラフルな色彩と相まってエキゾチックな町並みを坂道沿いや水辺に形づくっている。

白壁に緑屋根の函館ハリストス正教会

閑静な武家町に連なる屋敷を囲む生垣が凛とした美しさを生む

慶長16年（1611）に弘前城の築城に伴い城下町も整備。弘前藩の武士が住んだ武家町が仲町と総称される。短冊形の地割は藩政時代からほとんど変わっておらず、武家屋敷の道に面して植えられたサワラの生垣が緑豊かな歴史的町並みを今に伝えている。藩政時代より後には板塀も用いられるようになり、各所で黒板塀が見られる。武士の質実剛健な暮らしぶりを感じられる武家屋敷は、地区内最古の旧笹森家住宅をはじめ4棟が公開されている。

津軽藩の藩医を代々務めた旧伊東家住宅

武家町

青森県 弘前市（ひろさきし）

仲町（なかちょう）

丁寧に刈り込まれた生垣が、質実な武家屋敷を囲む。天気のよい日は町並みの向こうに岩木山も見える

◎交通…JR奥羽本線「弘前駅」から弘南バスで約15分、「亀の甲町角」下車徒歩約5分

武家屋敷はヒバの生垣や石積を外構えとしている。さらに「イグネ」と呼ばれる屋敷林を植え、風や雪から屋敷を守る

◎交通：JR東北本線「金ケ崎駅」から徒歩約15分

武家町

岩手県 金ケ崎町

城内諏訪小路

生垣と屋敷林が緑豊かな景観を生む伊達藩が残した要害

仙台藩は要害（※1）と呼ばれる知行地を在郷家臣に与えた。その1つ、金ケ崎要害の周辺に整備された武家町が城内諏訪小路だ。樹木帯によって区角され、茅葺の武家屋敷を囲む生垣や屋敷林と相まって自然豊かな歴史的町並みとなっている。江戸時代の屋敷割が残され、敵の侵入を防ぐ枡形や鉤形の道路も当時のまま残っている。現存する武家屋敷のうち、主屋・馬屋・厠が横1列に並ぶ三ツ屋形式の片平丁・旧大沼家侍住宅の他3棟を一般公開。

あえて鉤形に曲げられた道路は武家町ならでは

※1：仙台藩では領内各地に防御の拠点として要害を構え、家臣に領地の支配を任せた

「宮城の小京都」は交易の中心として繁栄し豪勢な店蔵と門が並ぶ

奥州街道と羽州街道を結ぶ街道沿いに町場が形成された村田は、仙南地方（※2）の交易の中心として江戸時代から繁栄した。南北に通る街道沿いには短冊形の敷地割が残り、通りに面して蔵造の店（店蔵）が立つ。店蔵の隣には瓦葺の門があり「アエコ」と呼ばれる石畳の通路が敷地内へと続いている。豪商の家屋を公開する「やましょう記念館」をはじめ、重厚な店蔵と門が一対となって連続する独特の町並みは、かつての商家町の繁栄を今に伝える。

門から敷地内の主屋へ通るために設けられた「アエコ」

※2：仙台市の南隣から福島県との県境までの一帯

商家町

宮城県 村田町

村田

各商家の店蔵と門が交互に連続する町並みが特徴的。軒の出が深い大型の門と、簡素に造られた小型の門がある

◎交通：JR東北本線「大河原駅」から宮城交通バスで約20分、「村田中央」下車すぐ

武家町

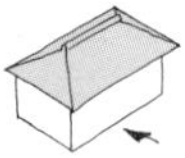

秋田県 仙北市 角館

江戸時代から変わらぬ風情が残る武家町

黒板塀と豪壮な武家屋敷が並び、シダレザクラやモミの大木が鮮やかに茂る。美しい武家町の姿を今に残し四季折々の風情を楽しめる。

横手盆地の北部を流れる河川に囲まれた角館。城下町としての歴史は、元和6年（1620）に芦名氏が、古城山の南側を新しく地割・整備したのが始まり。その後、秋田藩主佐竹氏の一族である佐竹北家が約200年間支配し、政治・経済・文化の中心地として栄えた。

角館の城下町は、防火のための空地である火除地を挟み、武家地の「内町」と町人地の「外町」に区分けされている。伝建地区は武家町の中央に位置し、全長約700mの武家屋敷通りには上・中級武士の屋敷が立ち並び、広い道幅や町割もそのまま残されている。黒板塀に囲まれた武

POINT

角館の武家屋敷地の境

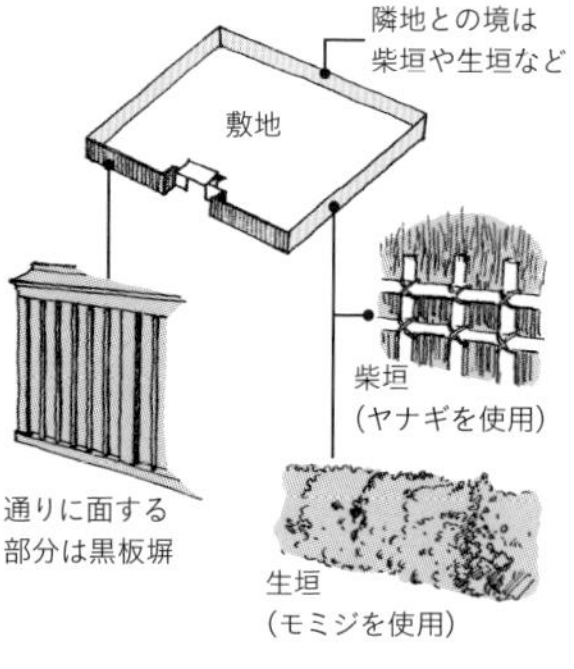

角館に現存する武家屋敷で最も古く、格式の高い薬医門を構える石黒家。桜と黒板塀のコントラストが美しい

上級武士の証しといえる重厚な薬医門を構えた青柳家。門には万延元年(1860)築を示す銘が記されている

学者の家系だった松本家。幕末の建築とされる家屋は茅葺屋根で、正面の庇は置き石屋根になっている

河原田家の蔵。積もった雪が漆喰に直接当たらないよう、下見板張の「腰袴」が設けられている

家屋敷は総じて敷地が広く、最大の広さを誇る青柳家（約3千坪）をはじめ、寄棟造で茅葺屋根の主屋、蔵、庭園などを備えた建築様式を今に伝える。塀にはそれぞれの家の格式に応じて薬医門（※1）や棟門（※2）などを開き、「武者窓」と呼ばれる出格子を塀に設けている屋敷もある。

　武家屋敷の前庭には桜やモミの大木が植えられ、春になると約400本ものシダレザクラが一帯に咲き誇る。そのうち162本が国の天然記念物に指定され、樹齢300年以上の木もある。さらに夏には緑陰、秋には紅葉、冬には雪景色といった四季折々の自然の色合いと、通りに連なる黒板塀との鮮やかなコントラストが町並みを美しく彩る。豪壮な建造物と一体化した「みちのくの小京都」と呼ぶにふさわしい・趣ある歴史的景観を楽しみたい。

◎交通…JR田沢湖線「角館駅」から徒歩20分
◎公開施設…石黒家、青柳家、岩橋家、河原田家、小田野家、松本家（岩橋家、小田野家、松本家は冬季休館）

※1：本柱の後ろに控柱を立て、切妻屋根を掛けた門。武家や公家の屋敷に多い
※2：控柱をもたず、2本の柱に切妻屋根を掛けた門

伝建地区の中心を貫く中七日町通り。通りに面する建物は主に切妻造妻入2階建。これが主屋で、裏もしくは内部に内蔵がある

在郷町

切妻造妻入

秋田県 横手市

増田

鞘飾りの美しい山吉肥料店の内蔵は黒漆喰の磨き仕上げ。主屋と内蔵の脇を「トオリ」と呼ばれる土間がほぼ直線状に通る

POINT

増田の内蔵

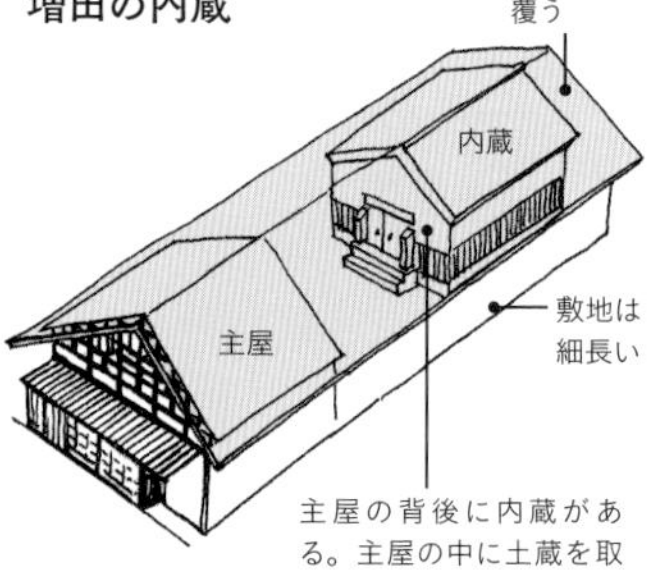

豪雪地帯ならではの工夫から誕生した豪壮な内蔵が今も残る

2本の旧街道が合流する増田は、古くから地域の流通拠点として栄えた在郷町。明治以降も生糸や葉タバコの生産流通などで発展した。伝建地区は増田城跡の東側と北側に位置し、近世までに整備された短冊形の地割や新田開発に伴う水路が残る。

上屋となる鞘建物で覆われている「内蔵」は、豪雪地帯ならではの建築物。内蔵は主屋の背後に隠れていて、「鞘飾り」と呼ばれる漆塗の木枠などの繊細な細工が壁面や扉に施されている。明治以前の主屋は非常に簡素な造りだったため、その対比から当時は「ホタル町」とも称された。内蔵は収納のための文庫蔵とザシキを有する座敷蔵に大別される。増田の商家の特徴をよく伝えている旧石平金物店は、観光物産センター「蔵の駅」として公開されている。

◎交通…JR奥羽本線「十文字駅」から羽後交通バスで約10分　※増田観光物産センター「蔵の駅」…「増田蔵の駅」下車すぐ　※増田の町並み案内所「ほたる」…「四ツ谷角」下車すぐ
◎公開施設…旧石田理吉家、旧石平金物店（蔵の駅）ほか

建物は通りから一定距離だけ離れている。裏山にある見晴台に登れば、町全体が眺められる

宿場町

寄棟造平入

福島県 下郷町（しもごうまち）

大内宿（おおうちじゅく）

茅葺の寄棟造（よせむねづくり）民家が旧街道に沿って整然と美しく並ぶ

会津若松と日光を結ぶ会津西街道の宿場として、標高650mの山村に整備された大内宿。江戸初期に旅籠（はたご）や問屋（といや）（※）が設けられ、物資を積み替える馬継ぎ宿として半農半宿の生活が送られていた。

大内宿の景観を特徴づけるのは、旧街道から数mほど後退した茅葺民家が整然と並び立つ様だ。伝建地区に現存する44棟の民家のうち32棟が茅葺屋根をもつ寄棟造平入（よせむねづくりひらいり）の建物で、敷地はほとんど同規模の地割となっている。主屋は表側に座敷を2室並べ、縁側を設けるのが一般的。軒には小天井を張った「せがい」や化粧垂木が用いられている。主屋が街道からやや離れて立つのは、馬をつないで荷物を積み降ろす空間を設けたため。家々の背後には棚田が広がり、江戸時代の素朴な宿場の雰囲気を感じさせる。

冬が近づくと家屋の周囲をむしろなどで囲い（冬囲い）、風雪から建物を守る

POINT

大内宿の民家の軒下

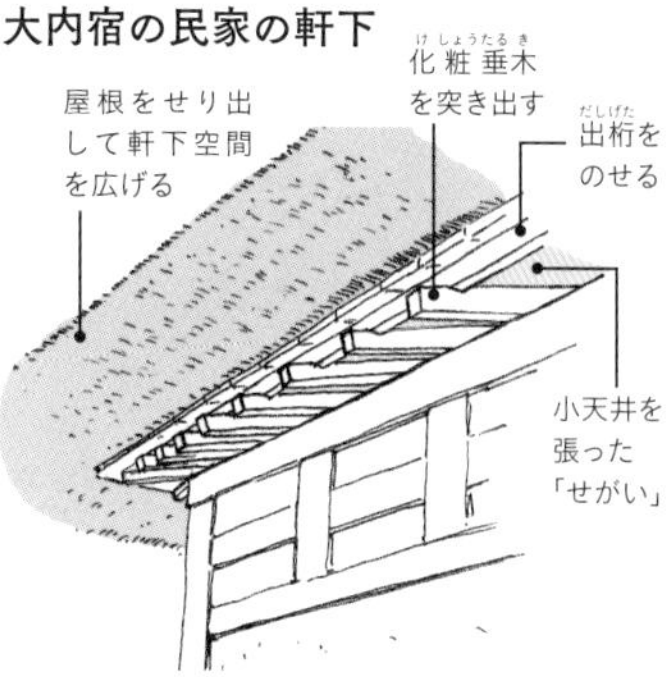

◎交通…会津鉄道会津線「湯野上温泉駅」からタクシーで約10分（4～11月は乗合バスが毎日運行）
◎公開施設…大内宿町並み展示館

※：江戸時代に宿場で人馬の立継などを行っていた業者

山村集落

福島県 南会津町

前沢

集落23戸の約半数が曲家を維持し、今も住民が生活している

◎交通…会津鉄道会津線「会津高原尾瀬口駅」から会津バスで約50分、「前沢向」下車すぐ

地域特有の中門造によるL字形の茅葺民家が美しい自然と共生する

山深い南会津にひっそりとたたずむ前沢集落。現存する茅葺民家のうち15棟は、明治40年（1907）の大火で全焼した後に同じ大工棟梁によって再建または新築されたもの。民家の形状は、寄棟造の主屋に切妻屋根の中門をL字形に接続した中門造の曲家または長方形平面をした直屋。かつては曲家の突出部に厩を設け、牛・馬と人が同じ家の中で暮らしていた。このように雪深い地方の生活の知恵から生まれた家々では今も生活が営まれている。

前沢曲家資料館で曲家の暮らしぶりを体験できる

店蔵などの多様な土蔵や蔵造の建物が立ち並ぶ趣ある「蔵の町」

天正10年（1582）に町割が行われ、近村から定期市が移されたのが、小田付のにぎわいの始まり。やがて酒・味噌・醤油の醸造業が発展し、会津北方の交易の中心として栄えた。近世末期の短冊状の地割の上に、店蔵などの多様な土蔵が表通りに沿って並び、在郷町・醸造町としての特徴を今に伝えている。さらに、重厚な蔵造の商家建築をはじめとする江戸・明治・大正・昭和の各時代の多様な建物も現存し、町並みにアクセントを加える。

享保2年（1717）創業の小原酒造。建物は蔵造

在郷町 醸造町

福島県 喜多方市

小田付

店蔵や醸造蔵など用途や規模の異なる多様な土蔵が今も多く残っている。写真左手前は江戸末期築の旧井上合名会社店舗蔵

◎交通…JR磐越西線「喜多方駅」から徒歩約20分（4～11月の土曜・日曜・祝日は喜多方まちなか循環バス「ぶらりん号」が運行。「南町馬車の駅」下車すぐ）

銀山川を挟んで旅館が並び立ち、暗くなるとガス灯が町を明るく照らす。各旅館は昭和初期に当時モダンな木造3〜4階建に建て替えた

温泉町

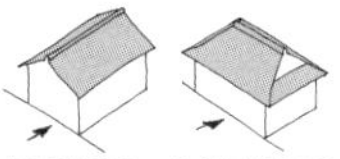

山形県 尾花沢市

銀山温泉

◎交通…JR奥羽本線「大石田駅」からはながさバスで約35分、「銀山温泉」下車すぐ

古山閣の建物正面には、四季の行事を描いた鏝絵が飾られている

能登屋旅館。鳳凰と桐の装飾の中央に創業者の名を記した鏝絵が目立つ

レトロな意匠から大正ロマンが漂う仙境の温泉街

奥州街道から奥まった山間の平坦地にあり、18世紀半ばから温泉地として旅館が立ち並ぶ銀山温泉。大正2年（1913）の銀山川の大洪水でほとんどの旅館が流されたが、昭和元年に源泉のボーリングで高温多量の湯が湧き出したこともあり間もなく復興。昭和初期には現在のような町並みが形成された。

その際、各旅館は銀山川の両岸に沿って木造3〜4階建へと一斉に建て替えた。バルコニーを設けるなど、和風を基調とする中に洋風建築の要素を取り入れているのが特徴だ。また戸袋や壁は、屋号や風景画を描いた豪華な鏝絵で装飾され、温泉街の景観をいっそう鮮やかに彩っている。こうした町並みは市の家並保存条例によって厳格に守られ、レトロなガス灯と相まって、大正ロマンあふれる雰囲気を醸し出している。

関東

100万都市・江戸から程近い関東各地域の伝建地区は、川越の重厚な蔵造商家など江戸文化の影響を強く受けた建造物や町並みに特徴がある。

p.37

栃木市 嘉右衛門町

◉在郷町

例幣使街道に沿って、江戸時代以降の商家や蔵が混在して立ち並ぶ。蔵造の店蔵（見世蔵）をはじめ土蔵や石蔵があちこちで見られ、「蔵の町」と呼ばれる重厚な景観が魅力。

p.36

桜川市 真壁

◉在郷町

通り沿いの店舗は伝統的な真壁造をはじめ、土壁で厚く塗り込めた大壁造の店蔵（見世蔵）など幅広い時代の建物で、多彩。在郷町にもかかわらず武家屋敷の特徴である薬医門や板塀があるのが珍しい。

p.32

香取市 佐原

◉商家町

舟運を利用した卸売業や醸造業の店が小野川沿いに集中し、重厚な蔵造の商家が立ち並ぶ。川べりにある「だし」と呼ばれる階段を設けた荷揚げ場にも、当時の面影が残る。

p.40

中之条町 六合(くに)赤岩

◉山村集落・養蚕集落

緩やかな傾斜地にある山村に、幕末以降に建てられた養蚕家屋が点在。森林などの豊かな自然に囲まれ、昔ながらの素朴な山村集落の景観を残している。

p.40

桐生(きりゅう)市 桐生新町(しんまち)

◉製織町

大谷石(おおやいし)で造られたノコギリ屋根の工場や、店舗に隣接する店蔵(みせぐら)など、絹織物業で発展した町らしい立派な建物が多く残る。通りから外れた細い路地も町並みに風情を与えている。

p.38

川越市 川越

◉商家町

江戸の町で流行した蔵造の商家（店蔵）が建てられ、今も30数棟残っている。黒漆喰磨き仕上げのぶ厚い外壁や観音開扉の窓などをもつ建物が、江戸の景観を受け継いでいる。

p.41

横浜市 山手

◉洋館群

外国人居留地に定められた閑静な丘の町に、明治から昭和初期に建てられた洋風建築が並ぶ。中でも、山手本通り沿いに立つクラシカルな西洋館の数々は必見だ。

商家町

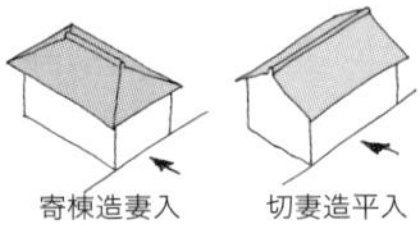

千葉県 香取市 佐原

"江戸にも優る"水郷の商家町

利根川に注ぐ小野川の水運を利用して物資の集散地として繁栄し、「江戸優り」と称えられた佐原。柳並木が続く小野川沿いには商家の店舗と土蔵が並び、商家町として栄えた当時の面影を今も感じさせてくれる。

江戸時代、東北の物資を運ぶ航路であった利根川は水害が多く、流路を変更する「瀬替え」(※1)が実施された。佐原は中心を流れる小野川がこの河川改修により利根川と結ばれたことで物資の集散地として栄え、豪商たちは江戸の職人衆を呼び寄せた。こうして佐原は「江戸優り」と称されるほどのにぎわいを誇る河港商業都市となった。

そんな佐原を象徴する風景といえば、小野川沿いの南北約500mを中心に、寄棟造妻入瓦葺を基本とする店舗と土蔵を構えた商家の町並みだ。蛇行する川の護岸には柳が植えられ、独特の風情を漂わせる。店舗

POINT

佐原の2重の戸締まり

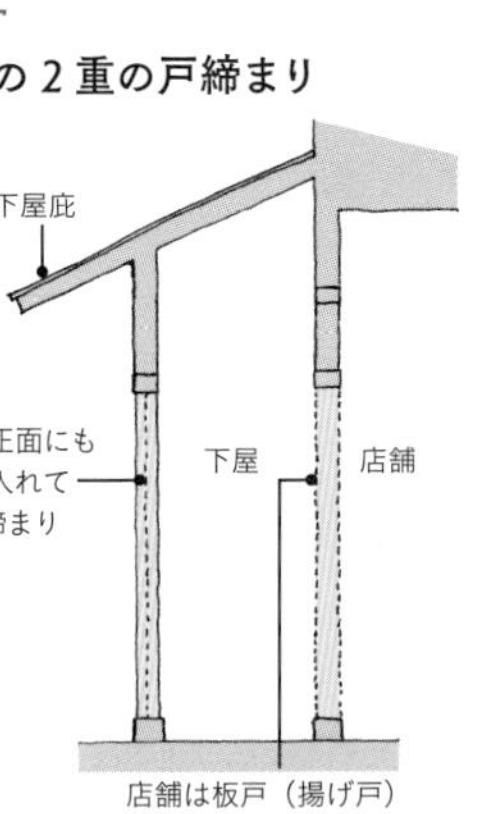

※1：もともと現在の隅田川筋から東京湾に注いでいた利根川を、銚子を通って太平洋に流れるようにした河川改修のこと

手漕ぎ舟風の観光船に乗って見上げると、小野川沿いの歴史的町並みが地上からとは違った趣のように感じられる

は1階の内側に揚げ戸（※2）を設け、さらにその外側の下屋庇を格子戸と壁で囲う、2重の戸締まりが特徴的だ。また川辺には舟から店へと荷物を揚げ降ろしするために使われた「だし」と呼ばれる石段が今も残る。また、川をまたいで水田に用水を送るための水道橋だった樋橋（といばし）も復元。水郷の町ならではの景観をいっそう取り戻している。

　小野川沿いには卸売業や醸造業など比較的大きな商家が多い。店舗と土蔵が隣り合って並び、寛政12年（1800）創業の正上（しょうじょう）醤油店や、明治初期から荒物屋雑貨を扱ってきた中村屋商店などが現存している。特に、県有形文化財にも指定されている正上醤油店は、だし・店舗・土蔵が対岸から連なって見え、佐原の代表的な商家建造物として存在感を放っている。

　一方、町の中央を横断する香取街道沿いの東西約400mにも、日常品を扱う店を中心に、江戸時代から昭和初期に建てられた商家が並ぶ。

※2：上に押し上げて開ける戸

小野川の右岸に立つ正上醤油店。荷揚げのための石段「だし」・店舗・土蔵が揃った、水郷の商家町を象徴する造りを対岸から眺めることができる。店舗は内側の揚げ戸と外側の格子戸による2重の戸締まり構造になっている

伊能忠敬旧宅前に架かる樋橋。現在の橋は観光用に造られたもの。30分ごとに樋からの落水が見られる

香取街道沿いには小規模な店舗の他、黒漆喰を塗り込めた重厚な蔵造の店舗（店蔵）もある

正文堂書店は、観音開きの戸を備えた重厚な蔵造店舗。屋根には上り龍と下り龍を配した看板がのる

小野川沿いの商家よりも間口がやや狭く、小規模な切妻造平入2階建の建物が多い。目立つのは店舗と住宅を兼ねた建物の奥に蔵を構える福新呉服店や、江戸の町家によく用いられた蔵造（※3）の特徴を伝える正文堂書店など、火災に備えた重厚な造りの建物だ。他にも、戦前まで造醸業を営んでいた与倉屋の大土蔵や、レンガ造の佐原三菱館など、さまざまな建物が混在して町並みを彩る。

江戸優りの伝統と文化を大切に守る精神は、町並み保存以外の形でも受け継がれている。約300年の歴史を誇る「佐原の大祭」が毎年秋に行われ、また各商家では「まちなみ博物館」と称してひな人形など家々の逸品を季節ごとに展示。江戸文化を取り入れながら発展した水郷の町は、今も営業を続ける商家が多く残る「生きた町並み」なのである。

◎交通：JR成田線「佐原駅」から徒歩約15分
◎公開施設：伊能忠敬旧宅、佐原三菱館

※3：屋根を瓦葺にし、土壁の上を漆喰などで厚く塗り込めて仕上げた防火建築

【寄り道ガイドマップ】

佐原

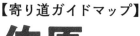

千葉と茨城にまたがる水郷三都の1つに数えられ、水を生かした町並みや風景が育まれた佐原。佐原駅から程近い中心地は歩いて回れる範囲。週末限定の循環バスも利用して巡りたい。

水郷佐原あやめパーク

園内に島・橋・水路を配置し、水郷地帯の面影を再現。6月に約150万本のハナショウブ、夏に300種以上のハスが咲き誇る。月曜・年末年始休

横利根閘門

大正10年（1921）に建造されたレンガ造の複式閘門。優れた土木技術を伝える近代化遺産として重要文化財に指定されている

香取神宮

下総国の一宮で、全国約400社の香取神社の総本社という格式の高い神社。重要文化財の本殿・楼門・古瀬戸の狛犬、国宝・海獣葡萄鏡は必見

水郷佐原山車会館

関東三大山車祭り「佐原の大祭」の資料館。大人形を乗せた高さ約9mの山車を2台展示。月曜・年末年始休

諏訪神社

天正年間（1573〜1592）に佐原の開発にあたって勧請され、小野川から西側の新宿に鎮座。10月の「佐原の大祭秋祭り」は諏訪神社の祭礼

伊能忠敬記念館

日本初の実測日本地図を作成した伊能忠敬の業績と生涯を紹介。貴重な伊能図など国宝の資料を間近に見られる。月曜・年末年始休

与田浦 舟乗り場案内

水郷大橋　利根川　小野川　佐原駅　東関東自動車道

0　800m

国登録有形文化財の伊勢屋旅館。現存する旅館は明治中期の建設で、裏手には明治中期の土蔵が残っている

在郷町

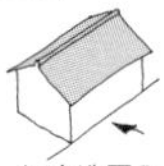

切妻造平入

茨城県 桜川市
真壁（まかべ）

◎交通…JR水戸線「岩瀬駅」からタクシーで約20分、または桜川市バスで約40分「下宿」下車すぐ
◎公開施設…旧真壁郵便局

町のシンボルである旧真壁郵便局は昭和2年（1927）築。伝建地区内に唯一現存する洋風建築である

猪瀬家住宅の薬医門は間口3mと地区最大。材料から建築年代は江戸末期から明治初期とされている

幅広い年代の建造物が江戸時代から変わらぬ町割に立ち並ぶ

真壁の町は、戦国時代末期に真壁城の城下町として形成されたのが始まり。江戸時代に廃城となった後、城下中央に陣屋を置いて町割が整備され、今も当時とほとんど変わらない道幅のままだ。

在郷町として発展を遂げる中、商取引の中核が木綿に加え生糸や米穀、酒造へ広がった。その過程で従来の地割を残しつつ各時代の特徴を備えた建造物が混在していき、真壁ならではの町並みが生まれた。通りに面した店舗は切妻造や寄棟造平入の木造建物が多いが、真壁造の他、天保8年（1837）の大火以降に増えた大壁造の見世蔵（※1）や塗屋（※2）など造りはさまざま。猪瀬家住宅など江戸時代からの旧家では薬医門（※3）や板塀も配している。時代の移り変わりとともに育まれた町並みの多様さは真壁の歴史そのものだ。

※1：外壁を土で厚く塗り込めて漆喰で仕上げた、蔵造の店舗兼住宅　※2：木造真壁造の2階外壁を土で塗り、漆喰仕上げとした建物。壁厚は見世蔵よりやや薄い　※3：本柱の後ろに控柱を立て、切妻屋根を掛けた門

緩やかにカーブする例幣使街道は町を南北に貫く。街道に沿って昔ながらの商家や蔵が並ぶ

在郷町

切妻造平入　切妻造妻入

栃木県 栃木市

嘉右衛門町（かうえもんちょう）

◎交通…JR両毛線・東武日光線「栃木駅」から徒歩30分、または東武日光線「新栃木駅」から徒歩15分

◎公開施設…岡田記念館、翁島別邸、嘉右衛門町伝統的建造物群保存地区拠点施設ガイダンスセンター

船で運ばれた商品の荷揚げ場として設けられた平柳河岸跡からも土蔵群が見える

天明年間創業の油伝味噌。土蔵や店舗兼主屋などの5棟が国登録有形文化財

豪商たちが栄華を極めた蔵の町・栃木の歴史を受け継ぐ町並み

日光東照宮へと向かう勅使（ちょくし）が通った例幣使（れいへいし）街道に沿って、近世初期に村々が開発され嘉右衛門町が生まれた。江戸中期以降に多種多様な商家が軒を連ね、街道の西を流れる巴波（うずま）川の舟運を生かし北関東有数の商業地へと発展していった。

伝建地区には江戸末期の地割が残り、街道沿いを中心に、店蔵（見世蔵）と呼ばれる店舗兼住宅や蔵が並ぶ。店舗部は切妻造（きりづまづくり）瓦葺が多く、正面に下屋（げや）を設けている。漆喰を塗り込めた肥料商・平澤商事の店蔵、地元産の切り石を積み上げた野尻家の石蔵や油伝（あぶでん）味噌の土蔵など、江戸末期から昭和初期にかけて建てられたさまざまな建物が街道沿いに連なる。また、船着場の面影を残す巴波川沿いの平柳河岸（かし）跡のそばにも白壁土蔵が立ち並ぶ。重厚な景観は、まさに「蔵の町」の呼び名にふさわしい。

商家町

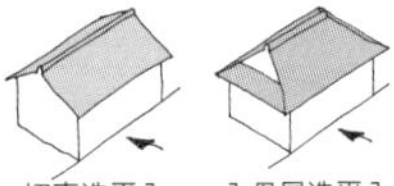

埼玉県 川越市

川越

江戸時代の蔵造商家が今も並ぶ重厚な町並み

江戸との流通で栄えた埼玉県随一の商都。大火を教訓に商人たちがこぞって建てた蔵造の家は重厚な耐火構造だけでなく豪華な装飾でも目を引き、「小江戸」の呼び名にふさわしい町並みとなっている。

川越街道で江戸と結ばれる陸路や新河岸川（しんがしがわ）の舟運を生かし、物資の集散地として栄えた川越。現在見られるような町並みが築かれたのは、寛永15年（1638）や明治26年（1893）に襲った大火がきっかけ。明治の大火で町の3分の1が焼き尽くされた中、大沢家住宅をはじめ軒や外壁を漆喰で塗り込める蔵造の建物は類焼を免れた。そこで商人たちは町の復興にあたって瓦葺・蔵造の住宅や店舗（店蔵）を競って建てた。

表通りに面して立つ店蔵の多くは、切妻造（きりづまづくり）または入母屋造（いりもやづくり）の平入（ひらいり）2階建。奥行が長い敷地の奥に、離れ座敷や

POINT

川越の店蔵（みせぐら）

市有形文化財の原家住宅（写真左）。入母屋造平入の店蔵は黒漆喰仕上げ。2階には観音開きの土戸を備える

国重要文化財の大沢家住宅の店蔵。2階の前面には漆喰で塗り固めた土(ど)格子が設けられている

明治27年（1894）築の店蔵と袖蔵が並ぶ亀屋本店。店蔵だけでなく袖蔵にも観音開きの土戸を備えている

箱棟と鬼瓦との接合部の大きな高まりは「影盛(かげもり)」という。豪壮な屋根にさらなるボリューム感を与える

蔵などが棟を分けて配されている。重厚な商家が立ち並ぶ一番街には大火後の明治中期に再建された建物が多く、黒漆喰で仕上げた外壁や観音開き戸はぶ厚い土で覆われ、徹底した防火構造になっている。それぞれの屋根の高さが異なっても下屋(げや)の軒高は揃えられていて、整然とした連続性のある町並みとなっている。

　また、巨大な鬼瓦と箱棟(はこむね)が屋根にのるのも特徴の1つ。最上部の箱棟は壁が立ち上がるかのように厚くて高く、その両端に配された鬼瓦も巨大。各商家の繁栄を示す装飾性の高い造りになっていて、中でも原家住宅や松崎家住宅はその豪華な意匠でひときわ目を引く。

　東京・日本橋の蔵造を手本に造られた重厚かつ火に強い商家群。そこから醸し出されるのは、今の東京では見られない江戸の名残である。

◎交通…西武新宿線「本川越駅」から徒歩約10分、東武東上線「川越市駅」から徒歩約15分、JR・東武東上線「川越駅」から徒歩約20分
◎公開施設…大沢家住宅、川越まつり会館、川越市蔵造り資料館、川越市仲町観光案内所

本町通りに立つ矢野本店店舗（右、大正5年）・店蔵（中央、明治中期前）・旧矢野蔵群（左、有鄰館、大正9年）

◎交通…JR両毛線「桐生駅」から徒歩約15分

製織町

群馬県 桐生市（きりゅう）

桐生新町（しんまち）

絹織物業に関わりのある伝統的建造物が多く残る特色ある町並み

江戸時代から絹織物業で発展した桐生新町。桐生天満宮から南へ延びる本町（ほんちょう）通りを中心に、江戸後期から昭和初期にかけて建てられた店舗や蔵、ノコギリ屋根の工場など織物に関わる人々が利用したさまざまな建物が現存している。北風による火災の延焼を防ぐため、北側を漆喰壁にした住宅もある。昔は敷地の南側に通路を設けることが一般的で、その一部は今も路地として使われている。令和6年度には公開施設が開館し、本町通りも整備される。

下見（したみ）板張の土蔵が続く酒屋小路は特に趣がある

豊かな自然と共存する養蚕農家の集落と石垣に囲まれた農地

三国（みくに）山脈の南麓に位置する山里の集落に、江戸後期から昭和30年代に建てられた伝統的な養蚕家屋が現存する。その大半は切妻造（きりづまづくり）の平入（ひらいり）2階建で、1階が居住空間、2階は養蚕の作業場を広く取るため1階よりやや前に張り出させている。中には「サンカイヤ」と呼ばれる湯本家と関家のように、養蚕の最盛期を迎えた明治時代に3階を増築した建物も見られる。周辺には石垣で造成された農地があり、古くからの山村の形を今もなお感じさせる。

田畑が広がる河岸段丘上に集落が形成されている

山村集落 養蚕集落

群馬県 中之条町

六合（くに）赤岩

文化3年（1806）築の湯本家住宅。養蚕のため明治30年（1897）に3階が増築された

◎交通…JR吾妻線「長野原草津口駅」から六合地区路線バスで約15分、「南大橋」下車徒歩約5分

華やかな装飾を特徴とするアメリカン・ヴィクトリアン様式で建てられた「外交官の家」。設計はJ.M.ガーディナー

洋館群

寄棟造平入

神奈川県 横浜市

山手

ベイ・ウィンドウ（洋風出窓）など外国人住宅の特徴を残すブラフ18番館。白壁にオレンジ色のフランス瓦、緑色の鎧戸が美しい

アントニン・レーモンド設計のエリスマン邸。洋風住宅の意匠を施し、軒の水平線を強調した木造モダニズム的要素も見られる

◎交通…JR京浜東北線・根岸線「石川町駅」、みなとみらい線「元町・中華街駅」から山手本通りへ
◎公開施設…山手111番館、横浜市イギリス館、山手234番館、エリスマン邸、ベーリック・ホール、外交官の家、ブラフ18番館

開国とともに生まれた異国情緒あふれる高台に西洋館が立ち並ぶ

日米修好通商条約締結を受けて横浜が開港され、関内大火の翌年の慶応3年（1867）、山手の高台に外国人居留地が置かれた。明治中期からレンガ造の本格的な西洋館が建造されたが、大正12年（1923）の関東大震災でほとんどが倒壊。現在の建物の多くは震災後に再建されたり、移築復元されたりしたものだ。

山手の閑静な住宅地の各所に、白亜の木造2階建のエリスマン邸や、スパニッシュスタイルを基調とした邸宅のベーリック・ホールなどクラシカルな西洋館が点在する。建築様式は統一されておらず、防災のため壁に塗られたモルタルの色合いや、多彩なデザインの窓など、一軒ごとに趣が異なる。山手本通りを巡ることで、変化に富んだ異国情緒漂う家並みを見ることができる。

甲信越

江戸から西進する中山道や甲州街道、佐渡の金を江戸に運んだ北国街道などの道沿いに栄えた宿場町や、かつて主産業だった養蚕に関わる伝統的な町並みが多く残る。

p.45

千曲市 稲荷山

◉商家町

柱や軒裏まで厚く塗り込めた豪壮な商家をはじめ、さまざまな建築様式の建物が見られる。裏通りに土蔵が整然と連なる景観も趣深い。

p.50

東御市 海野宿

◉宿場町・養蚕町

北国街道の宿場時代の建物と、明治以降の養蚕の発展を示す建物が調和した町並み。意匠を凝らしたうだつや海野格子は必見。

p.44

甲州市 塩山下小田原 上条

◉山村集落・養蚕集落

甲府の民家でよく見られる茅葺切妻の家屋が、1つのエリアにまとまって現存している珍しい集落。突き上げ屋根も特徴的だ。

p.44

早川町 赤沢

◉山村集落・講中宿

講中宿と呼ばれる旅籠屋や民家が、身延山と七面山を結ぶ参詣道に沿ってひっそりと立ち並ぶ。講中宿の軒下には講中札が掲げられている。

p.44

佐渡市 宿根木

◉港町

潮風から建物を守るために板張とした家屋が100棟以上密集する。不規則な敷地に船大工が工夫して建てた家屋の形に注目したい。

p.45

長野市 戸隠

◉宿坊群・門前町

信仰集落として発展し、茅葺屋根の宿坊が通りに沿って立ち並ぶ。主屋の深い軒と高い床は豪雪地ならではの造りだ。

p.51

白馬村 青鬼

◉山村集落

屋根の平側を切り落とした兜造の大型家屋が印象的。北アルプスを望む棚田は「日本の棚田百選」に選ばれるほどの美しさ。

p.45

塩尻市 木曾平沢

◉漆工町

中山道に面して漆器の店舗兼住宅が、平行する街路沿いには漆器職人の住居が連なる。生産から販売まで行う漆工町らしい町並みだ。

p.46

塩尻市 奈良井

◉宿場町

2階の前面を張り出した出梁造の家々が並ぶ町並みで有名。町には鉤の手や桝形など町を外敵から守る仕組みも残されている。

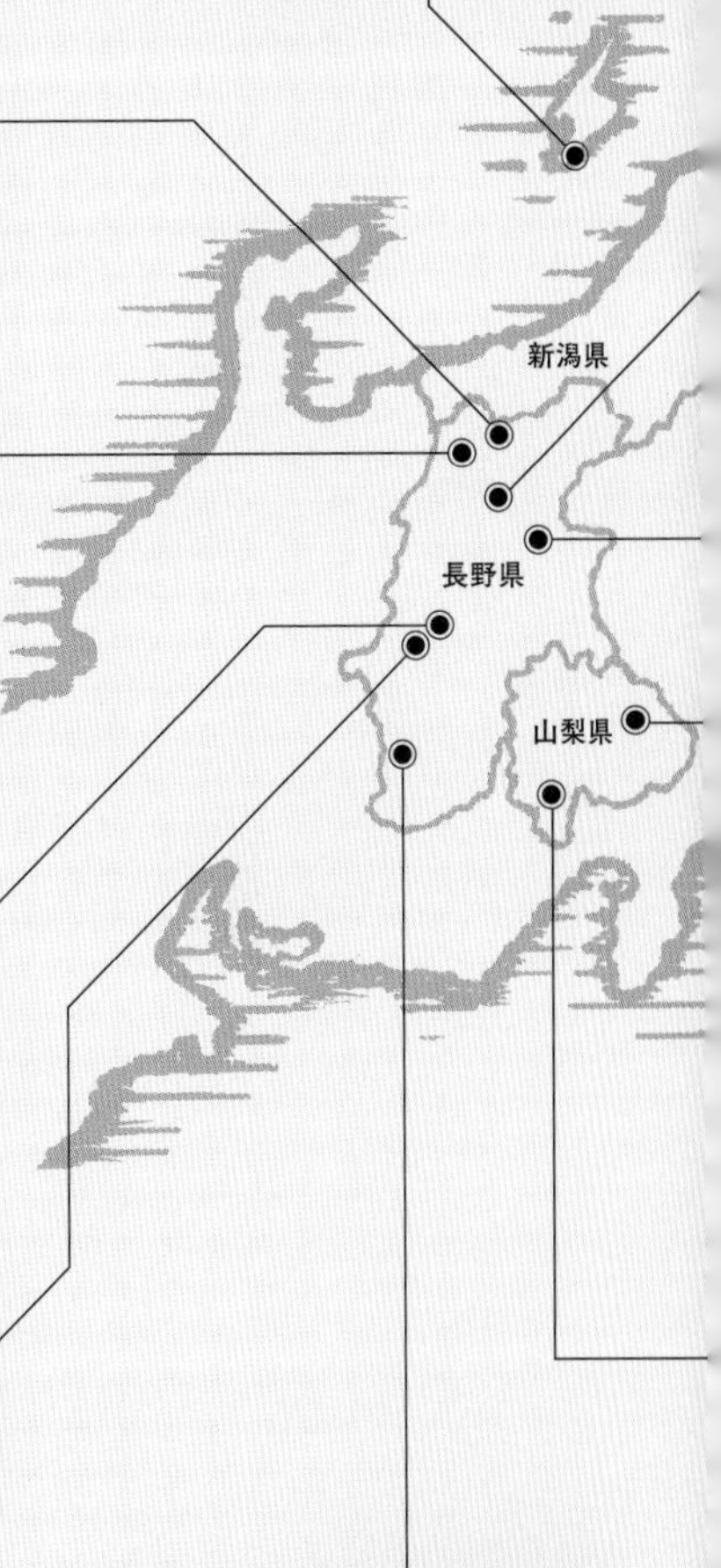

p.52

南木曽町 妻籠宿

◉宿場町

奈良井宿と共に知られる木曽の宿場町。出桁造に格子やうだつを構える建物が連なり、江戸時代から時間が止まったような雰囲気を味わえる。

港町

新潟県 佐渡市

宿根木

佐渡島の狭い谷あいに町家が隙間なく密集し廻船の繁栄を今に残す

江戸時代に北前船の寄港地として栄えた佐渡島の小さな港町。わずか1haほどの狭い谷あいの町に幅1m前後の路地が縦横に走り、家々がひしめき合う。船材を利用した2階建の家屋は外観こそ簡素だが、内部は柱や天井に漆を塗った豪壮な造り。その代表的な建物である、廻船主の館だった「清九郎」は公開施設。往時の姿に復元され、廻船で栄えた面影を感じる。現在は約40棟の屋根が石置き屋根に復元され、伝統的な港町の景観を今に伝える。

敷地いっぱいに建てた家屋が密集する町並み。石置き屋根の素朴な造りが美しい

◎交通…新潟・両津航路、直江津・小木航路で佐渡へ渡り、新潟交通佐渡バスに乗り「宿根木」などで下車すぐ

山村集落 講中宿

山梨県 早川町

赤沢

静かな山間の集落で旅籠の雰囲気を醸す自然と調和した講中宿

山岳信仰の拠点・七面山へと向かう参道が江戸時代に整備され、参道筋の赤沢集落には「講」と呼ばれる参拝グループが使う宿（講中宿）が立ち並んだ。2階建の宿の多くは、客の増加に伴い明治・大正時代に平屋から建て増したもの。多くの客をさばくため、1階座敷の周りにL形の長い縁側と土間があるのが特徴だ。今も営業しているのは「江戸屋旅館」と「大阪屋」のみだが、元旅館を改修した「宿の駅清水屋」では赤沢ならではの旅籠建築が見られる。

身延往還という石畳の参道沿いに講中宿が立つ。閉業した宿も表構えはそのまま残る

◎交通…JR身延線「身延駅」または「下部温泉駅」からバスで「七面山登山口・赤沢入口」下車徒歩約20分

山村集落 養蚕集落

山梨県 甲州市塩山下小田原

上条

養蚕が盛んだった山村集落の面影を伝える突き上げ屋根の伝統家屋

上条は、甲府盆地を南に望むひな壇状の山村集落だ。切妻造の茅葺民家は「突き上げ屋根」が特徴的。屋根の中央部を持ち上げることで、養蚕空間の日当たりと風通しを良くしている（42頁写真参照）。屋根を金属板で覆ったものを含め、突き上げ屋根が密集し残っている集落は珍しく、養蚕集落の景観を今に残す。江戸後期の建築で昔ながらの茅葺屋根に修復された「中村家住宅」は見学が可能で、独特の造りを内部から見ることができる。

特徴的な突き上げ屋根の民家が集落に点在

◎交通…JR中央本線「塩山駅」から甲州市民バスで約20分、「神金保育所」下車徒歩約20分

商家町

長野県 千曲市
稲荷山

主屋の背後に立ち並ぶ土蔵が特徴的な善光寺街道の商都

北国西往還（通称・善光寺街道）の宿場だった稲荷山の町は、やがて商業地としても発展。町の中央を南北に貫く街道沿いには、弘化4年（1847）の地震と大火を教訓に、2階の壁や軒まで厚く塗り上げた大壁造の家屋（主屋）が並ぶ。茅葺民家を踏襲した急勾配な瓦葺屋根の建物も見られ、建築の多様さも見どころの1つ。敷地の背後には裏通りに面した土蔵がある。千曲川の水害対策として設けたやや高めの石垣基礎と相まって、趣と風格が感じられる。

下見板張の土蔵群が裏通りに連なる

◎交通…JR篠ノ井線「稲荷山駅」から徒歩約20分

漆工町

長野県 塩尻市
木曾平沢

立派な店舗と職人の住居がエリアを分けて一体化し漆工町の町並みを特徴づける

全国有数の漆器業の町として古くから知られる木曾平沢。地区のほぼ中央を縦断する中山道には漆器を扱う店舗が、その西側に並行する金西町の街路には漆器職人の住居が立ち並ぶ。性格の異なる町並みが一体化し、漆工町ならではの歴史的景観を残している。蛇行する中山道沿いに各店舗が同じ方向に立つよう、建物の前にアガモチと呼ばれる三角形の空地が設けられているのも独特だ。切妻造平入の家屋の奥に塗蔵があり、そこで作業が行われる。

アガモチ（三角形の空地）を前面に設けた漆器店が中山道沿いに並んでいる

◎交通…JR中央本線「木曽平沢駅」から徒歩約5分

宿坊群 門前町

長野県 長野市
戸隠

参詣者を迎えた門前町に茅葺屋根の宿坊が昔のまま立ち並ぶ

標高1000mを超える長野市北西部の高地に位置する戸隠は、古くから信仰集落として発展。戸隠講と呼ばれる参詣グループを宿泊させるため、戸隠神社の中社と宝光社の参道沿いに大規模な宿坊が構えられ、その外縁に門前町が広がっていた。江戸中期から昭和までに建築された茅葺屋根の建造物が多く残り、社殿や屋敷地の石垣とともに独特の景観をつくり出している。雪対策として主屋の軒を深く確保したせがい造（※）も特徴的だ。

戸隠神社の中社鳥居前と横大門通りの町並み

◎交通…JR信越本線「長野駅」からアルピコ交通バスで約60分、「戸隠宝光社」または「戸隠中社」下車すぐ

※：側柱上部から腕木を出し、軒下に小天井を張ったもの

宿場町

長野県 塩尻市

奈良井（なら い）

木曽の山々に囲まれた宿場町

中山道（なかせんどう）に沿って約1㎞も続く山間の宿場町で、かつては難所の鳥居峠を越える旅人でにぎわった。2階が前面に張り出した「出梁（だしばり）」を特徴とした多様な表構えの家々が変化に富む町並みを構成する。

五街道の1つであり、内陸経由で江戸と京都を結んでいた中山道。そのうち、信濃と美濃を結ぶ区間は木曽路（きそじ）と呼ばれ、平地のほとんどない谷あいの山道が続く。中でも最大の難所が鳥居峠で、そのすぐ北に位置する奈良井の宿場町は、多くの旅籠や茶屋が立ち並び「奈良井千軒」と呼ばれてにぎわった。

街道筋の両側に山々が迫る地形の中、奈良井の町並みは南北約1㎞にもわたって家々が連なる。南北にある宿場の入口には神社が、西側の山裾には5つの寺院が配され、東側は奈良井川が天然の堀となっていた。宿場の南北の入口には、道路を直角

POINT

奈良井の出梁造（だしばりづくり）

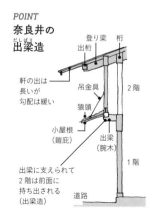

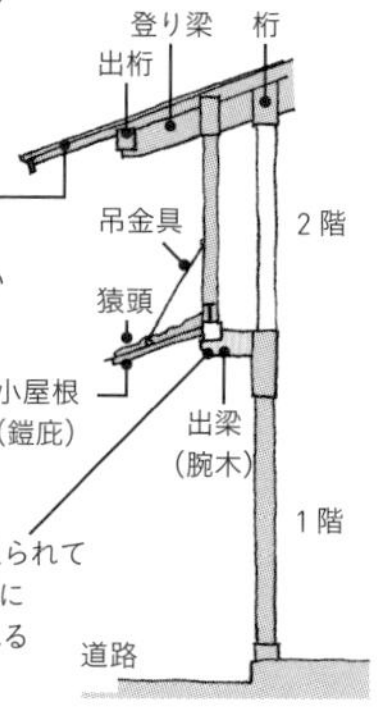

南北に続く奈良井宿のうち最北が下町。何軒もの民宿や、漆器や曲物などの伝統工芸品を扱う店舗が立ち並ぶ

に曲げて四角形の空き地を設けた「桝形」の石垣跡が残る。さらに宿場内で街道の道筋が屈曲する「鉤の手」も見られ、要害としての機能も考慮された宿場町の町割を知ることができる。

奈良井宿は南側から上町、中町、下町に分かれている。宿場の中心だった中町には本陣や脇本陣などが置かれ、代々問屋（※）を務めていた手塚家住宅など、間口の広い大きな町家が並ぶ。また中町の道幅は、中心地であることを示すべく上町や下町より広くなっていることも特徴だ。一方、職人の町として発展した下町は、間口の狭い町家が多く見られる。宿場内の街道沿いには、ほぼ均等な間隔で6カ所の水場があり、現在も大切に利用されている。

奈良井の建築様式の大きな特徴は出梁造で、切妻造平入形式の2階部分が、1階よりも数10cmほど前面に張り出した構造となっている。さらに勾配の緩い屋根が長い軒を出しているため、まるで建物が道路に覆い

※：馬や人足を管理するため、宿場ごとに常備された問屋場の責任者

明治から昭和にかけて建築年代が新しくなるほど軒高が高くなっていったため、建物ごとの屋根の位置に変化がある

国重要文化財の手塚家住宅。天保11年（1840）築。手塚家は宿場の問屋場（人馬の継立を行う所）の管理を代々務め、江戸後期には庄屋も務めていた

塗櫛の問屋の店舗兼住居だった中村邸は、天保年間（1830 ～ 1844）の建物で国重要文化財。出梁に鎧庇を設ける典型的な奈良井の町家の様式を残す

壁から突き出た1階の梁が2階の床や軒を支える「出梁造」。和船の両舷に張り出す「せがい」にちなんで「せがい造」とも呼ばれる

奈良井独自の鎧庇と猿頭。鎧庇は重ねた庇板が鎧の袖に見えることから。猿頭は庇を押さえる桟木が、猿の頭が重なったように見えることに由来する

POINT **直線状ではない道**

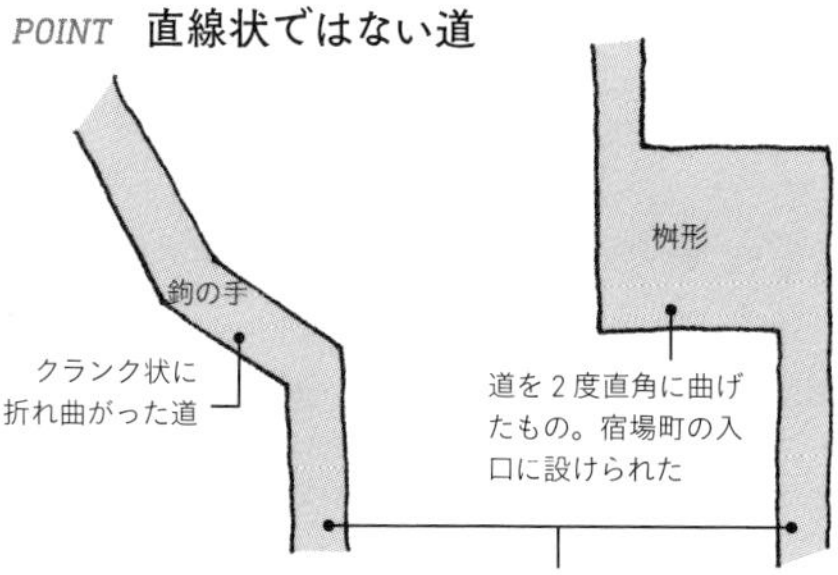

鉤の手も桝形も道を見通せないようにすることで敵が一気に攻め込みづらくする防衛手段

外敵の直進や見通しを防ぐため、道路をあえて屈曲させた「鉤の手」が、中町と上町の境に今も姿をとどめる

かぶさっているような独特な景観だ。

また、1階の庇は、段々に重ねた板を「猿頭」と呼ばれる桟木で押さえた、奈良井独特の「鎧庇」。泥棒除けの役割も担っていた。

かつての旅籠が今も宿泊施設や食事処として営業していて、宿場町としてのにぎわいが今も感じられる。江戸の旅人になった気分で、じっくりと散策を楽しみたい。

◎交通…JR中央本線「奈良井駅」下車すぐ
◎公開施設…手塚家住宅（上問屋資料館）、中村邸

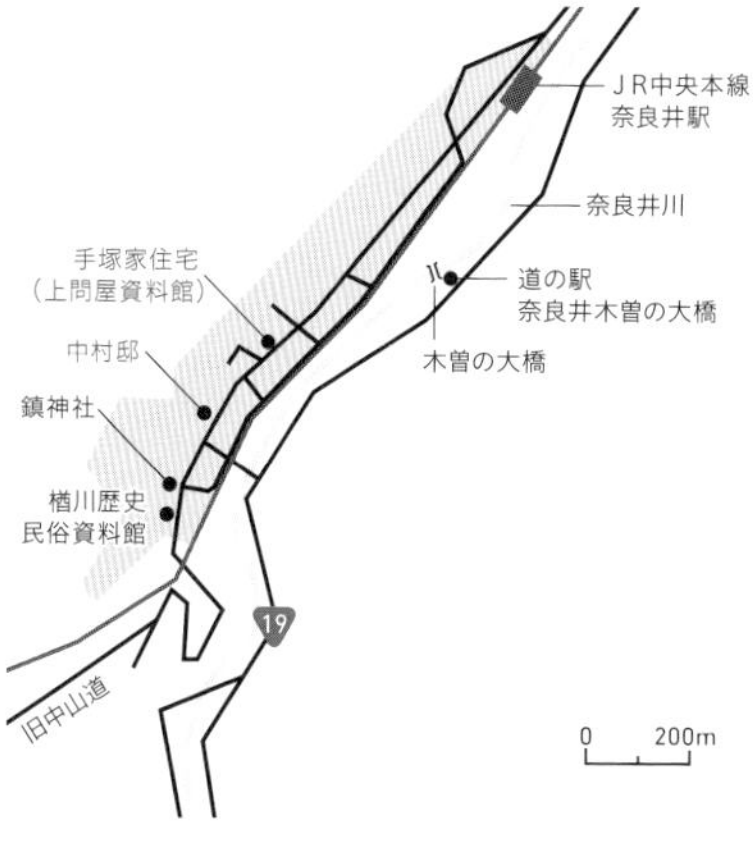

江戸時代から近代まで、さまざまな形式の建物が立ち並ぶ。両サイドに立派なうだつがある民家の頂には、養蚕用の越屋根も付けられている

宿場町 養蚕町

養蚕造平入

長野県 東御市

海野宿

◎交通…しなの鉄道「大屋駅」または「田中駅」から徒歩20分
◎公開施設…海野宿資料館、海野宿玩具館

寛政年間（1790年ごろ）の旅籠屋造の建物を資料館として公開。2階が張り出した出梁の構造で、「海野格子」の出格子も見られる

POINT
海野格子

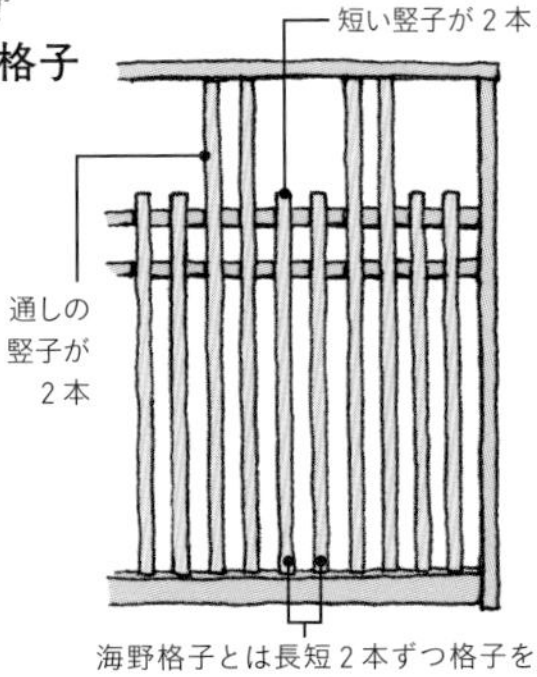

海野格子とは長短２本ずつ格子を交互に組み合わせたもの

北国街道の宿場町から養蚕の町へと変化した歴史を持つ町並み

中山道と北陸道を結ぶ北国街道沿いにある海野宿。江戸時代に宿駅が開設された当初は、近接する田中宿の間宿（※1）として問屋場（※2）のみが置かれたが、後に田中宿が大洪水の被害を受けたことで本陣も移されて繁栄した。今日残る海野宿の町並みは、宿場時代の建物と、明治以降の養蚕業の発展による蚕室造（※3）の建物が、ほど良く調和した景観が特徴となっている。

宿場内の街道の中央には用水が流れ、その両側に格子戸のはまった家々が連なる。縦格子を長短2本ずつ交互に組み込んだ美しい意匠は、「海野格子」と呼ばれる独特なもの。また、屋根の上に小屋根（越屋根）を設けた建物も多く見られる。これは煙出し用の窓で、一定の室温を保ちつつ、湿度の調節も必要な養蚕のために造られた設備だ。

※１：宿場と宿場の間に形成された町場　※２：街道の宿駅で人馬の中継などを行った役所
※３：蚕の飼育のために換気用の小屋根を設けた構造

同じ兜造の様式で建てられた、規模の大きな家屋が連なる

山村集落

兜造平入

長野県 白馬村
青鬼

◎交通…JR大糸線「白馬駅」からタクシーで約20分、または「信濃森上駅」からタクシーで約15分
◎公開施設…お善鬼の館

空き家となった兜造の民家を改修した交流・体験施設「お善鬼の館」。施設の名前は、集落で祀られる善鬼大明神の伝説にちなむ

棚田から集落の屋根越しに望む、標高2,500mを超える北アルプスの美しい山並みも見どころだ

美しい棚田を背景に兜造の豪壮な民家が立ち並ぶ

糸魚川と松本盆地を結ぶ千国街道は、古くから主要な流通路として塩の道とも呼ばれている。姫川沿いの街道筋から東側に少し分け入った山腹にある青鬼は、農業を中心とした小さな山村集落。かつては千国街道から分岐して長野方面へと続く道が集落内を通り、善光寺への参詣客などの往来も盛んだった。

集落には、江戸末期から近代に建てられた10数棟の茅葺（現在は鉄板被覆）の大型家屋が現存する。最大の特徴は、屋根の平側（※4）を切り落とした兜造（※5）となっていること。妻側を切り落とす「妻兜」の屋根は東日本各地に見られるが、青鬼のような「平兜」は珍しく、白壁と化粧貫の意匠で統一された家々が立ち並ぶ姿は壮観だ。集落の東側には石垣で築かれた棚田が広がり、江戸時代の用水路（青鬼堰）が今も残る。

※4：屋根の頂部の稜線（棟）に沿って平行となる側のこと（⇔妻側）
※5：上層への採光・通風のために、屋根の一部を切り落とし、2階に窓などの開口部を設けた構造

宿場町

切妻造平入

長野県 南木曽町 妻籠宿

江戸時代の町並みと豊かな自然が残る宿場町

旧中山道に沿って立ち並ぶ本陣・脇本陣を中心とした宿場の建物。宿場町周辺の素朴な集落や石畳の峠道など、昔の旅人が見た風景がそこにある。

岐阜県中津川市と境を接し、木曽谷の南側の入口に位置する南木曽町。妻籠は木曽川沿いにある町の中心部から4㎞ほど南の山間へ分け入った場所にある宿場町で、中山道と伊那街道が分岐する交通の要衝として栄えた。高度経済成長期まで残されていた町並みをいち早く整備保存し、観光資源として活用する取り組みが進められた。

妻籠には、明治10年（1877）に総檜造で建て替えられた脇本陣（※1）の建物が残るほか、本陣（※2）も平成7年（1995）に江戸後期の間取りを元に復元されている。町並

POINT

妻籠の出桁造

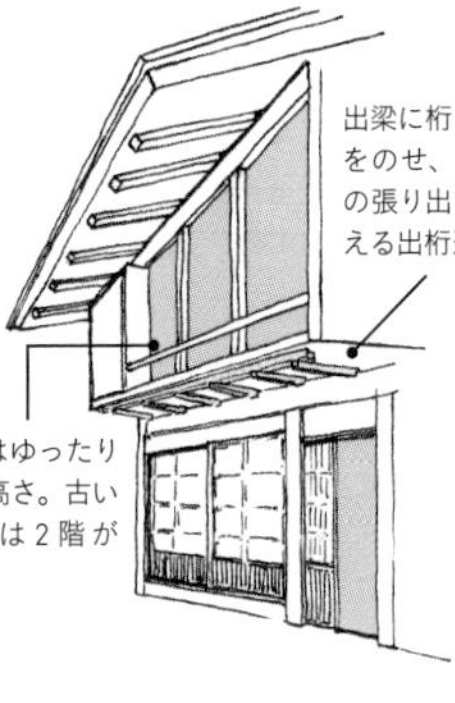
出梁に桁（出桁）をのせ、2階床の張り出しを支える出桁造
2階はゆったりした高さ。古い建物は2階が低い

※1：本陣（※2参照）の予備的施設。一般の旅籠屋よりも高い格式をもっていた
※2：大名や幕府役人などの公用旅行者が宿泊するために設けられた施設

国指定重要文化財の「脇本陣奥谷」は2階を張り出した出桁造。1階には目の細かい竪繁格子が入っている

18世紀中期の建築とされる「上嵯峨屋」は、往時の木賃宿（旅人が自炊する宿屋）の雰囲気を残している

庶民の長屋を解体復元した「下嵯峨屋」。古い建物は石置き屋根が主流だった

日本で最初に保存事業が行われた寺下地区の町並み。同じ中山道の奈良井宿の民家より2階が高く開放的

みは2階が1階より張り出した出桁造や竪繁格子（※3）の家々が並ぶ落ち着いた雰囲気。道を2度直角に曲げることで外敵が侵入しづらくした桝形は、南北どちらからも坂道を下っていく落ち込んだ地形となっているのが特徴だ。桝形を挟んで北側は上・中・下町、南側は寺下地区と呼ばれ、寺下は北側の家々と比べて間口の狭い小規模な建物が多い。

また、南木曽駅付近から馬籠峠にかけて妻籠宿周辺の旧中山道は、昔のままの未舗装の道や石畳の道、一里塚や石柱道標などが残り、歴史と自然の魅力を同時に楽しめるハイキングコースとして人気が高い。妻籠宿の伝建地区は宿場町だけでなく、街道沿いの集落や自然環境を含む約1245haもの広範囲に及び、これは全国の伝建地区の中でも群を抜いた広さを誇る。

◎交通…JR中央本線「南木曽駅」から南木曽町地域バスで約7分、または中山道ハイキングコースを徒歩約40分
◎公開施設…林家住宅（脇本陣奥谷）、妻籠宿本陣、上嵯峨屋、下嵯峨屋、熊谷家住宅、藤原家住宅

※3：縦方向の骨組（桟、竪子とも）を細かく組んだ格子

【寄り道ガイドマップ】

中山道

京と江戸を結んだ中山道の木曽エリアは実はハイキングコースとしても人気。妻籠宿から馬籠宿までは歩いて約3時間。体力に応じてバスを使うのもお勧め。

南木曽岳

中央アルプスと木曽駒ヶ岳に連なる標高1,679mの山。急・緩斜面や鎖場などコースが変化に富んでいる

桃介橋

下部石積・上部コンクリートの主塔3基を有する、全長247m・幅2.7mもの日本最大級の木橋。水力発電所建設の資材運搬路として大正11年（1922）に架けられ、復元を経て近代化遺産に指定された

妻籠宿

（P.52）

かぶと観音

平安末期に挙兵した木曽義仲が鬼門の方角に祠堂を建立し、兜の観音像を祀ったのが始まりとされるお堂。緑豊かな境内では春になるとシダレウメが満開となる

大妻籠集落（おおつまご）

妻籠宿保存地区に含まれる集落の1つ。街道端には、妻籠宿と同じく袖うだつをもつ出梁（だしばり）造の民家が並ぶ。長野県内の民家でも最も古いクラスに属する、17世紀半ば建築の藤原家住宅（写真）が一般公開されている

馬籠宿（まごめじゅく）

山の尾根に沿った急斜面の街道の両側に石垣を築き、その上に家屋を建築。なだらかな坂道が続く宿場町となっている。島崎藤村の生家でもある馬籠宿本陣跡が藤村記念館として残っている

南木曽駅

JR中央本線

蘭川

256

長野県

岐阜県

中央自動車道

…中山道

0　1km

福沢桃介(ももすけ)記念館

木曽川の電源開発に尽力した福沢桃介と日本初の女優・川上貞奴が過ごした、大正8年（1919）築の別荘。記念館として一般公開され、2人の写真や資料を展示。水曜・冬期（12月1日〜3月中旬）休

山の歴史館

明治33年（1900）に御料局名古屋支庁妻籠出張所庁舎として、旧妻籠宿本陣跡地に建築。木曽谷の山の歴史と林政資料を展示。水曜・冬期（12月1日〜3月中旬）休

男滝(おだき)

女滝(めだき)

吉川英治の小説「宮本武蔵」の舞台にもなった滝。男滝の流れが太くダイナミックなのに対し、女滝の流れは細長く上品さを感じさせる。滝壺に金の鶏が舞い降りたという倉科様伝説も残る

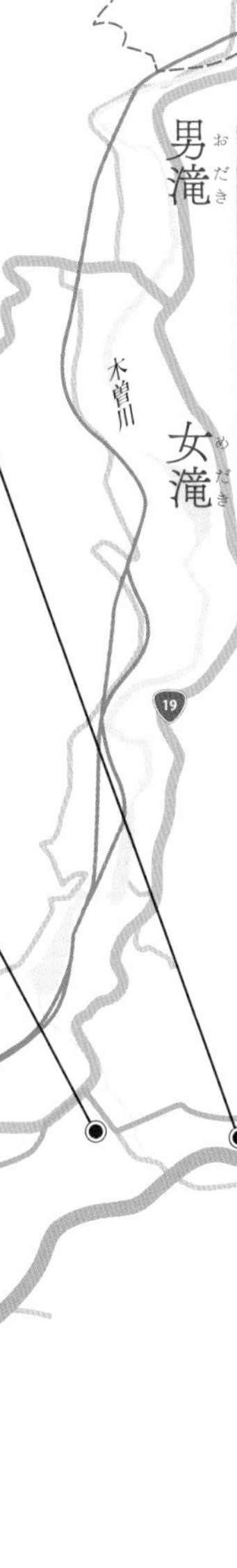

落合の石畳

森林を縫う坂道を歩きやすくするため、かつて幕府が石畳を敷いた。全長840mが復元され、約70mは当時の状態を残している

落合宿

美濃16宿で本陣が唯一現存し、明治時代に土蔵造に改築された。前田家寄贈とされる大門が見事

中津川宿

古くから交通の要衝として栄え、東濃最大の宿場町となった。美濃で有数の和菓子の町としても有名で、今も多くの店が味を競っている

北陸

百万石の城下町・金沢に花開いた文化の薫りを今に伝える茶屋町や寺町、日本海航路の発展とともに隆盛した北前船の船主集落などが見どころ。

p.58

高岡市 金屋町(かなやまち)

◉鋳物師(いもじ)町

伝統工芸品として名高い高岡銅器の発祥地。繊細なサマノコの家並みと、銅片をちりばめた石畳が町を美しく彩る。

p.60

高岡市 吉久(よしひさ)

◉在郷町

有力町民の間口の広い町家が、間口の狭い町家と混在して並ぶ。収納空間に用いた2階の表側に窓がない構えも特徴的だ。

p.59

高岡市 山町筋(やまちょうすじ)

◉商家町

重厚な蔵造商家と、防火建築に施された洋風の意匠が見どころ。洋風建築も随所に見られ、変化に富んだ町並みだ。

p.60

南砺(なんと)市 五箇山相倉(ごかやまあいのくら)

◉山村集落

山里の小さな集落に、合掌造の茅葺民家が約20棟ひっそりたたずんでいる。季節ごとのライトアップも美しい。

p.66

白山(はくさん)市 白峰(しらみね)

◉山村集落・養蚕集落

養蚕の作業場と生活の場を両立した多層階の家屋など、豪雪地帯の営みに根ざした家々が町の特徴を物語る。

p.66

加賀市 加賀東谷(ひがしたに)

◉山村集落

耐久性が高く寒冷地に適した赤瓦屋根に炭焼き用の煙出しを設けた民家が、自然豊かな山村と見事に調和している。

p.60

南砺市 五箇山菅沼(ごかやますがぬま)

◉山村集落

庄川沿いのわずかな平地に9棟の合掌造家屋が集まった、のどかな集落。小川の流れも昔のままで、まさに日本の原風景。

p.67

南越前町 今庄宿(いまじょうしゅく)

◉宿場町

雪に耐えられる木太い登梁と袖壁が特徴的な町家が並ぶ。冬期に庇の下に設けられる雪囲いも豪雪地ならでは。

p.63

金沢市 卯辰山麓（うたつ）

◉寺町

土塀に囲まれた寺院と、袖壁や出格子をもつ町家が入り混じり、寺社を中心とする町ならではの風情が味わえる。

p.61

金沢市 東山ひがし

◉茶屋町

目の細かい格子や弁柄（べんがら）色に彩られた壁などをもつ茶屋建築が整然と並ぶ。その華やかさは全国の茶屋町でも屈指だ。

p.62

金沢市 主計町（かずえまち）

◉茶屋町

繊細な茶屋建築が大きな川に沿って並ぶ、珍しい組み合わせの景観が面白い。隣のひがし茶屋町より道幅は狭め。

p.63

金沢市 寺町台

◉寺町

直線状に寺院が連なる旧野田道と、道に面した町家の奥に寺院がある旧鶴来（つるぎ）道。2つの街路で異なる雰囲気が味わえる。

p.67

加賀市 加賀橋立（はしたて）

◉船主集落

北前船主たちの屋敷が今も残る集落。赤瓦に笏谷石（しゃくだにいし）の石垣など、武家屋敷のような立派な屋敷構えは壮観である。

p.67

小浜（おばま）市 小浜西組（にしぐみ）

◉商家町・茶屋町

華やかな茶屋町と庶民的な商家町。東西に分かれたエリアで、それぞれ異なる町並みの特徴を見比べたい。

p.66

輪島市 黒島（くろしま）

◉船主集落

北前船の船主や船員が暮らした集落。重厚な黒瓦に下見板張の板壁をもつ家並みが見事。

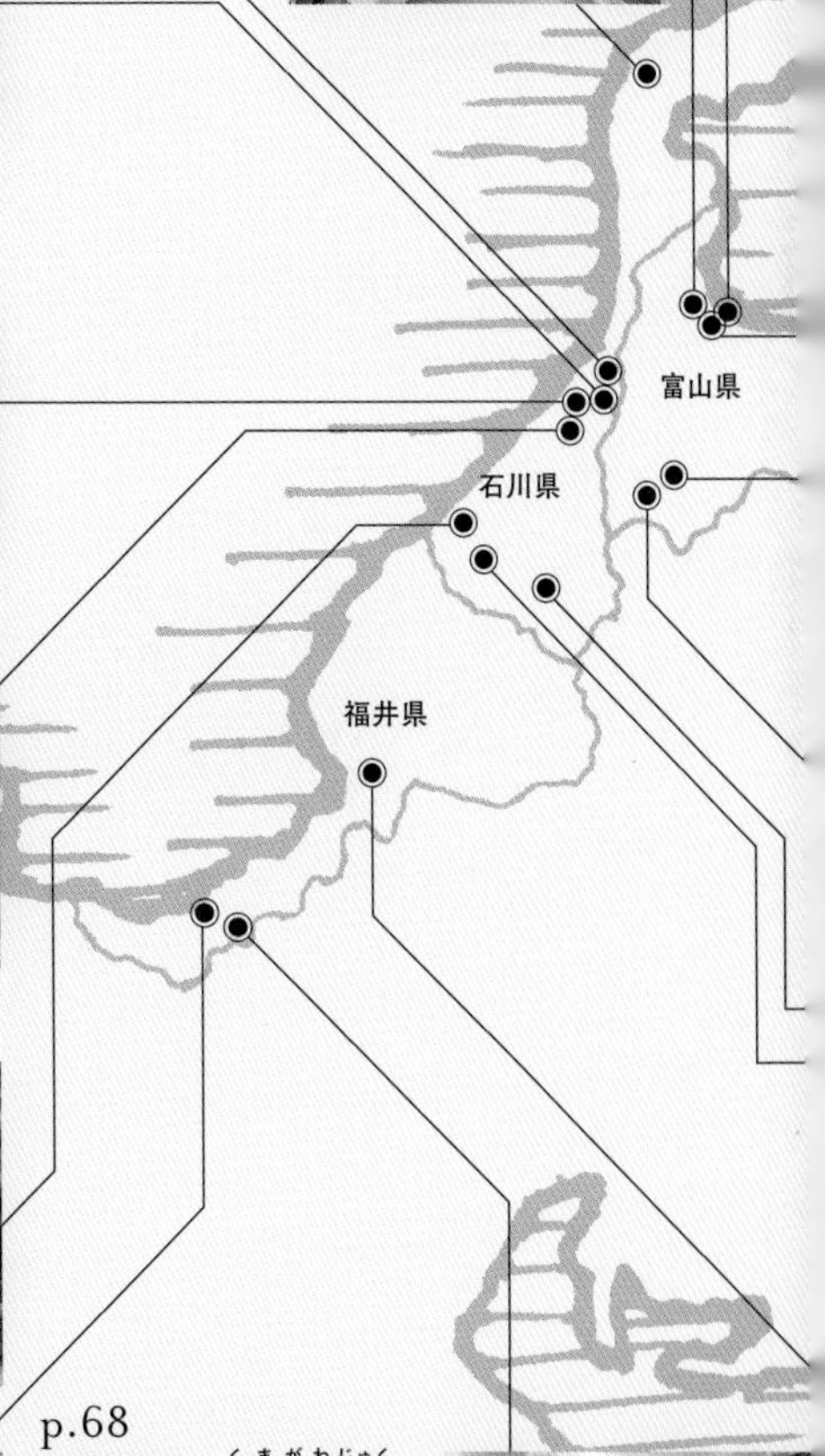

p.68

若狭町 熊川宿（くまがわじゅく）

◉宿場町

日本海と畿内を結ぶ若狭街道（鯖街道）の拠点として栄えた宿場町。家の前に設けられた水利施設「かわと」が洗い場・冷蔵の場として使われている。

間口いっぱいに造られた建物が並ぶ金屋町通り。1階にはサマノコと呼ばれる格子が建て込まれている。屋根には採光と排煙用に設けられた天窓がある

鋳物師町

切妻造平入

富山県 高岡市

金屋町（かなやまち）

御影石を乱張りにした石畳。ちりばめられた銅片が独特の光沢を生む

階高が低い2階の壁に柱や梁・貫などを見せる。軒の深さが特徴的で、袖壁をもつ場合も多い

鋳物（いもの）で栄えた町に 繊細な情緒を醸し出す 千本格子の家並みと石畳

高岡の特産品である銅器産業の歴史は、加賀前田家の2代当主・前田利長が産業振興のために鋳物師（いもじ）（金屋（かなや））を移住させたのが始まり。鋳物師の拝領地、千保川（せんぼがわ）の西岸沿いに金屋町が形成され、江戸時代から昭和初期にかけて建てられた町家が残っている。

銅片をちりばめた石畳が敷かれている長さ約500mの金屋町通りに、真壁造の家屋が整然と連なる。深い軒が印象的な2階の屋根は登り梁や腕木で支えられ、袖壁も設けられている。1階正面に設けたサマノコと呼ばれる繊細な格子と相まって、そのたたずまいは美しいの一言。中庭を挟んだ奥には土蔵や作業場が立っていて、当時の様子を想起させる。鋳物で栄えた町の歴史と伝統は、静かな町並みに着実に受け継がれている。

◎交通…JR城端線・氷見線「高岡駅」から徒歩約20分
◎公開施設…高岡市鋳物資料館

切妻平入の蔵造の建物が並ぶ。右手は国重要文化財の菅野家住宅。防火に配慮した重厚な建築で、屋根には鯱や雪割を付けた箱棟がのる

商家町

切妻造平入

富山県 高岡市

山町筋（やまちょうすじ）

大正3年（1914）建築の旧高岡共立銀行。現存する県内唯一の本格的な洋風建築物であり、赤い化粧煉瓦に白い石で装飾している

菅野家住宅の両袖に立ち上げられた防火壁。釉薬（ゆうやく）を施したレンガや正面の石柱など洋風意匠を採用している

◎交通…JR城端線・氷見線「高岡駅」から徒歩約10分
◎公開施設…菅野家住宅、高岡市土蔵造りのまち資料館（予約制）

大火を教訓に再興した重厚ながらも華やかな蔵造の町並み

元和元年（1615）の一国一城令によって高岡城が廃城、高岡は商工業都市として発展した。その繁栄を支えた山町は、明治33年（1900）の大火をきっかけに、新築の建物に防火構造を用いるなど防災を意識した町づくりで再興した。国重要文化財に指定された菅野（すがの）家住宅や豪商の筏井（いかだい）家住宅など、黒漆喰で塗り込められた重厚な蔵造の商家も、大火後に拡幅された道路に沿って建築されたものだ。

さらに商人たちは、隣家との境に設ける防火壁をレンガ造にしたり、鋳物の柱の頂頭にアカンサスの葉飾りを施したりと、防火対策と同時に洋風の意匠を採用した。細部にわたってデザインされた重厚な防火建築が連なる町並みに、「赤レンガの銀行」と呼ばれる旧高岡共立銀行などの洋風建築が華やかさを添えている。

在郷町

富山県 高岡市

吉久

米商たちが築いた間口の広い町家が在郷町の繁栄を物語る

承応4年（1655）、加賀藩の年貢米を収納する御蔵の設置にあたって町立てされ、在郷町として発展した吉久。明治期に御蔵が廃止された後は、米商と呼ばれる有力町民が米穀売買や倉庫業に進出。緩やかに湾曲した往来沿いには、米商が築いた間口の広い町家と一般的な間口の町家が混在して立ち並び、かつての繁栄の面影を感じさせる。主屋は真壁造に切妻造平入で桟瓦葺きを基本とし、サマノコと呼ばれる格子が繊細な印象を醸し出す。

往来沿いに約50棟の伝統的な町家が現存。主屋正面に付いているサマノコは出格子形式

◎交通…万葉線「吉久」もしくは「新吉久」電停下車徒歩約5分

山村集落

富山県 南砺市

五箇山相倉

昔ながらの景観を残す豊かな山林に包まれた合掌造の集落

富山県の南西端、険しい谷を刻む庄川の流域は五箇山と呼ばれ、山岳地帯のわずかな平地に小さな集落が点在。相倉はそうした集落の1つで、標高約400mの段丘上にある。叉首構造（※1）の切妻型茅葺屋根をもつ、いわゆる合掌造の家屋が20棟ほど現存し、世界遺産地域に含まれる。屋根の中ほどに煙抜きを設けた建物や、地面に直接屋根をのせた原始合掌造の小屋も見られる。傾斜地ならではの棚田や、雪崩から集落を守る雪持林などが今も残る。

斜面に広がる棚田と民家が見事に調和し、旧来の景観がよく残っている

◎交通…JR北陸新幹線「新高岡駅」から加越能バスで約1時間、「相倉口」下車徒歩約3分

山村集落

富山県 南砺市

五箇山菅沼

塩硝を生業とした家屋が前方に川、後方に山を望む谷あいに立ち並ぶ

蛇行する庄川に囲まれた半円状の土地に形成された菅沼集落は、相倉集落よりも上流側にある。耕作地の少ない五箇山では、火薬の原料となる塩硝の生産が加賀藩の庇護を受けて発達した。急勾配の屋根をもつ合掌造は、豪雪対策であると同時に、生活と作業の場に必要な広い空間をつくり出す合理的な建築だ。相倉と同じく世界遺産に登録された菅沼には、9棟の合掌造家屋が現存。川沿いのわずかな平地に独特な山村風景を生みだしている。

冬の菅沼集落。合掌造の妻面に下屋を設けた妻入の建物は五箇山地域の特徴

◎交通…JR北陸新幹線「新高岡駅」から加越能バスで約1時間20分、「菅沼」下車すぐ

※1：2本の材を梁の上で合掌形に組み、棟木を支える屋根構造

旧二番丁通りの町並み。国指定重要文化財の志摩（左手前）は、茶屋街創設の文政3年に建てられた典型的な茶屋建築

茶屋町

切妻造平入

石川県 金沢市

東山ひがし

◎交通…JR北陸新幹線・北陸本線「金沢駅」から北鉄バスで約7分、「橋場町」下車徒歩約5分
◎公開施設…志摩、お茶屋文化館、懐華樓

東側の高台から眺めた「ひがし」の町並み。細長い建物が並び、短冊状の地割がよく分かる

POINT **東山の出格子**

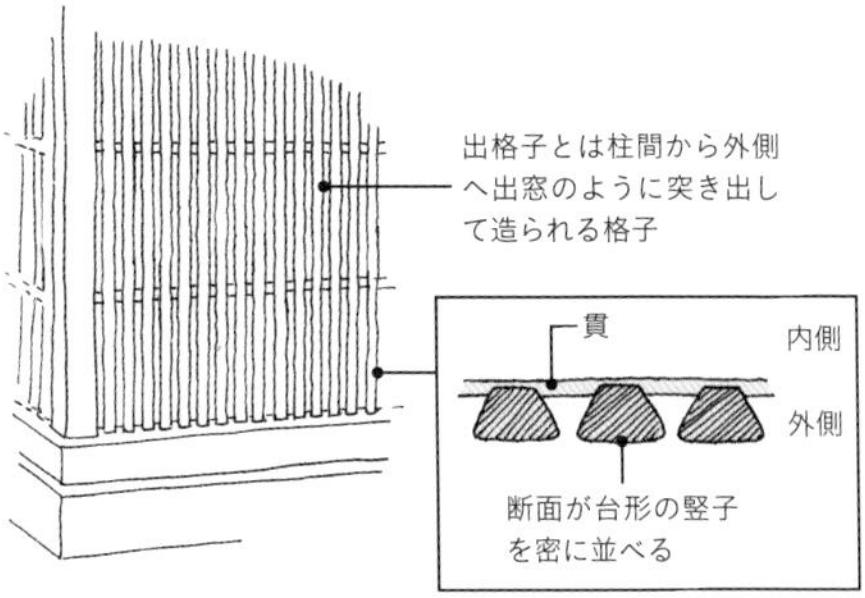

多彩な伝統文化が息づく城下町・金沢で花開いた茶屋街の趣を残す

加賀百万石とうたわれた前田家の城下町・金沢。東山は金沢城の北東、浅野川の東側にあって、卯辰山麓の寺院群と隣接する町人地。この地に加賀藩公認の茶屋街（※2）が開設されたのは文政3年（1820）のこと。犀川の西に置かれた「にし」の茶屋街に対して、「ひがし」と通称される。今日でも「ひがし」には江戸後期から明治初期の茶屋建築が多数現存する。

町並みの特徴は軒高を揃えた2階建が連なっていることで、1階正面に華やかな弁柄色（※3）の出格子（※4）をもつ。目の細かい格子はキムスコと呼ばれ、外からは見えにくく、内からは外が見通せるよう断面が工夫されている。2階は座敷を通り側に置いて、高欄を付けた縁側を設けているものが多い。

※2：芸妓を呼ぶ「お茶屋」が集まった区域　※3：暗い赤みを帯びた茶色　※4：窓から外に張り出して造られた格子

主計町は、住居表示法により一度は失われた由緒ある旧町名を、全国で初めて復活させたことでも知られる。建物の多くは1階に出格子をもつ

茶屋町

切妻造平入

石川県 金沢市

主計町（かずえまち）

◎交通…JR北陸新幹線・北陸本線「金沢駅」から北鉄バスで約7分、「橋場町」下車すぐ

表通りと平行する裏通りの町並み。狭い路地を挟んで家々が並び、昔ながらの雰囲気を残している

浅野川の橋上から眺めた、表通りの風景。3階建の建物も多く見られる

浅野川の河畔に軒を連ねた茶屋建築の風情あるたたずまい

金沢は102万石を有する加賀藩のお膝元。近世には江戸・大坂・京都に次ぐ大都市として栄えた。主計町は、浅野川を挟んで「ひがし」(61頁)と近接する位置にあり、江戸初期には藩の重臣の屋敷があったとされるが、比較的早い時期に町人地へと変遷。次第に茶屋町としての性格を帯びて発展していった。

目が細かいキムスコの格子窓など、茶屋建築としての特徴は「ひがし」と共通している。主計町が最も繁栄したのは、明治後期から昭和戦前期にかけての頃。この時期に3階部分が増築されたり、2階以上に大きなガラス窓が付けられたりと、時代を反映した増築や改築が行われ、今に残る。一方、裏通りには、かつての石置板葺（いしおきいたぶき）の緩い屋根勾配を維持した建物もあり、変化に富んだ景観をつくり出している。

寺院の土塀と石積が連なる七面小路の景観。この周辺は緩やかな山裾で、多くの寺院がまとまって配置されている

◎交通…JR北陸新幹線・北陸本線「金沢駅」から北鉄バスで約10分、「東山」または「森山」下車すぐ

寺町

石川県 金沢市

卯辰山麓

起伏のある山麓に趣のある寺社と町家が入り交じる

金沢市街の東にある卯辰山は標高140mほどの丘陵で、伝建地区はその西側の麓にある。慶長4年（1599）に卯辰八幡宮（現在の宇多須神社）が建立されたのを筆頭に、加賀藩が配置した寺社を中心とした町並みが広がる。特徴は地区の西側を通る街道と山麓の各寺院を結ぶ、複数の参道沿いに町並みが形成されている点。街道付近まで山裾が伸びる場所もあり、複雑な地形の影響で、石垣を構えた寺院と、袖壁や出格子をもつ町家が混在する独特な景観だ。

観音町の町並み。袖壁をもつ古い家々も見られる

日本有数の寺町は2つの道沿いで異なる趣を醸し出す

金沢城を取り囲むように整備された3つの寺町（※）。そのうち、犀川を越えて城の南西に位置する寺町台は寺院数がもっとも多く、2つの街路を軸にして町が広がっている。特徴は旧野田道沿いと旧鶴来道沿いで景観の趣が大きく異なること。前者は直線的な道沿いに寺社が高い密度で並び、後者は道沿いに町家が連なり、寺社はその奥に配されている。切妻造平入を基本とした寺院や町家の建物、旧来の街路や地割が残り、落ち着きのある風情が漂う。

旧鶴来道沿いの地区では路地裏に山門を構えた寺院が立つ

※：寺院が集中する地域に付けられる町名。城下町では防衛上の目的で外縁部に多く配された

寺町

石川県 金沢市

寺町台

旧野田道の景観。前田家墓所のある野田山に向かってまっすぐ延びる道路沿いに、立派な土塀を構えた寺院が並ぶ

◎交通…JR北陸新幹線・北陸本線「金沢駅」から北鉄バスで約12分、「広小路」下車すぐ

【寄り道ガイドマップ】

金沢市

戦災や大きな災害を免れた金沢の街には藩政時代からの風情が今なお残る。見どころは市街各所に分散しているがバスを効率よく使えば1日で巡れる。

卯辰山公園

約20万本のハナショウブや約8,000本のツツジなどが咲き誇る金沢市民憩いの場。晴れた日には日本海まで見渡せる展望スポット

卯辰山麓寺院群 (P.63)

東山ひがし (P.61)

主計町 (P.62)

卯辰山

浅野川

寺島蔵人邸

加賀藩士・寺島蔵人の屋敷跡。江戸中期の中級武家屋敷の姿を伝える家屋などが現存。池泉回遊式の庭園は、樹高3～4mに達するドウダンツツジが見事。火曜・年末年始休

西田家庭園・玉泉園

加賀藩士・脇田家が江戸初期に作庭を始め、4代100年余りをかけて築いた池泉回遊式庭園。裏千家の祖・千仙叟宗室の指導で造られた灑雪亭は、金沢最古といわれる。水曜・冬季休園

金沢城公園

加賀藩主前田氏の居城・金沢城跡にある公園。菱櫓と橋爪門続櫓が長大な五十間長屋で結ばれている光景は圧巻。様々な時代の石垣が残る「石垣の博物館」としても有名

兼六園

加賀歴代藩主により整備された大名庭園で、水戸の偕楽園、岡山の後楽園とともに日本三名園の1つ。冬の風物詩・雪吊りをはじめ、サクラやカキツバタ、紅葉など四季折々の自然が楽しめる。無休

成巽閣

加賀藩13代・前田斉泰が、母である先代奥方のために文久3年（1863）に造営した御殿。1つの建物に書院造と数寄屋造の様式を併せもつ。水曜・年末年始休

石川県立伝統産業工芸館

輪島塗をはじめ石川県の伝統工芸36業種を一堂に展示。月替わりの企画展や、伝統工芸士による実演・体験も行われている。第3木曜（12～3月は毎週木曜）・年末年始休

長町武家屋敷跡

大野庄（おおのしょう）用水と鞍月（くらつき）用水に挟まれた一帯にある、かつての加賀藩士たちの居住地。土塀が続く町並みや長屋門などの遺構が残り、当時の面影をしのばせる。冬には雪から土塀を守る「こも掛け」が行われ、地区の風物詩となっている

近江町市場

藩政時代の昔から「市民の台所」として親しまれている市場。日本海の魚や地元産の野菜を中心に、180余店舗が軒を連ねる

尾山神社

明治6年（1873）に創建された、加賀藩祖前田利家と正室お松を祀る神社。ギヤマン（ガラス）がはめ込まれた和漢洋折衷の神門や、池泉回遊式庭園の神苑、金沢城二の丸唐門を移築した東神門などが見どころ

金沢市老舗記念館

明治11年（1878）に建てられた、藩政時代からの薬種商の商家を移築公開。当時の店先を再現した部屋や、金沢の歴史ある老舗に伝わる道具類などを展示する。月曜・年末年始休

にし茶屋街

ひがし、主計町と並ぶ茶屋街の1つで、伝統的な出格子の茶屋建築が軒を連ねる。金沢市西茶屋資料館では座敷を再現した部屋や、ゆかりの作家・島田清次郎に関する資料を展示

石川四高記念文化交流館

旧制高校の元校舎を整備した交流館。四高の歴史を紹介する石川四高記念館と、石川ゆかりの文学者の資料を展示する石川近代文学館を併設。年末年始休

寺町寺院群（寺町台）

（P.63）

0 500m
IRいしかわ鉄道
JR北陸新幹線
金沢駅
北鉄金沢駅
JR北陸本線
157
犀川
北陸鉄道石川線
野町駅

船主集落

石川県 輪島市

黒島

日本海に面して、黒瓦の家々が立ち並ぶ

能登天領の集落は北前船の船主や船員の居住地として発展

能登半島西部にある黒島に集落が成立したのは、16世紀前半頃。江戸時代には幕府領となり廻船業が発達、北前船の船主や船頭・水主たちの集落としてにぎわった。南北を貫く道沿いに建てられた家々は、切妻造の平屋もしくは中2階建が基本。平入と妻入の両方が見られ、1階正面に格子窓、2階に袖壁を設けた家屋もある。黒や茶色の下見板で覆われた外壁に、黒瓦の屋根をのせた建物がほとんどで、重厚で落ち着いた雰囲気を感じさせる町並みだ。

◎交通…のと鉄道「穴水駅」からタクシーで約40分

山村集落 養蚕集落

石川県 白山市

白峰

土壁と縦長窓が特徴的な山岸家住宅

霊峰の北西麓にあり他地域と隔絶されていた豪雪地帯にある養蚕集落

霊峰・白山を源とする手取川の上流に位置する白峰地区は、深い山々に囲まれた豪雪地帯。細長い河岸段丘上のわずかな平地に建物が密集している。主な産業は養蚕や製炭、畑作で、養蚕の場を確保するために多層建の家屋が江戸時代から主流だった。雪の重みに耐えるよう、2階以上では柱を半間（約0.9m）ごとに立てるため、窓は縦長となっている。玄関が2階にも設けられ、屋根に上がる大はしごが常設されているのは積雪に備えた特徴だ。

◎交通…北陸鉄道石川線「鶴来駅」から加賀白山バスで約1時間、「白峰」下車すぐ

山村集落

石川県 加賀市

加賀東谷

煙出しをもつ屋根は、かつての製炭業の名残

炭焼きで栄えた山村に今も煙出しを設けた赤瓦の屋根が連なる

加賀温泉郷の玄関口・加賀温泉駅から南側の川沿いに分け入った山間にある東谷地区。荒谷・今立・大土・杉水の4集落で構成され、近世より林業や製炭を主産業として、大聖寺藩の御用炭の生産も行っていた。建物は2階建の切妻造妻入が基本で、屋根の上には炭焼き用の煙出しがある。大きな特徴は、雪や凍結に強い赤瓦葺の屋根。現在も寒冷地でのシェアが高い石州赤瓦（島根県石見地方）の製法が、北前船の交流によって伝わったと考えられる。

◎交通…JR北陸本線「加賀温泉駅」からタクシーで約20分

船主集落

石川県 加賀市

加賀橋立（はしたて）

赤瓦葺の豪壮な家屋と笏谷石（しゃくだにいし）を張った石垣は北前船主の繁栄の証

福井県境付近の日本海に面する橋立集落は、江戸時代前半までは半農半漁の小さな集落だったとみられる。18世紀半ばから船主や船頭、船乗りなど北前船に関わる人々の一大居住地となり、日本一の富豪村と呼ばれるほど繁栄した。宅地は塀や石垣で囲まれ、家屋が通りから離れているため、武家屋敷のような風情が漂う。屋根には加賀南部で生産された赤瓦が葺かれ、外壁は船板を再利用した竪（たて）板（いた）張。お隣・福井県産の笏谷石張の石垣も景観に特色を与える。

竪板張の家屋や板塀が連なる町並み。敷地と道路に高低差があるため、石垣が造られた

◎交通…JR北陸本線「加賀温泉駅」からキャン・バスで約30分～1時間（便によって異なる)、「北前船の里資料館」下車すぐ

商家町 茶屋町

福井県 小浜（おばま）市

小浜西組（にしぐみ）

城下町時代の情緒が残る海上交通の要地として古代より繁栄した港町

古くから若狭国の中心地であり、中世の港町から近世の城下町へと発展した小浜の市街地。伝建地区は商家や茶屋、寺社などが併存する町並みとなっている。地区の東側は商家町特有の地割がよく残り、奥行の深い2階建平入の建物が通り沿いに立ち並ぶ。下（げ）屋庇（やびさし）と袖壁をもつ家が多いのも特徴だ。また西側は「三丁町（さんちょうまち）」と呼ばれ、茶屋建築が連なる。通りの幅や敷地は商家町よりも狭いが、出格子や出窓を構えた繊細で華やかな風情を今もとどめている。

市街地の西端付近にある茶屋町「三丁町」の景観。1階には出格子と格子戸が続く

◎交通…JR小浜線「小浜駅」から徒歩約10分

宿場町

福井県 南越前町

今庄宿（いまじょうしゅく）

越前地方で発展した豪雪地ならではのたたずまいを残す宿場町

福井県山間部の豪雪地に位置する今庄宿は、17世紀初頭に北陸道の宿場町として成立し、越前屈指の繁栄を誇った。南北に延びる街道に沿って現存する建物の多くは、文政元年（1818）の大火以降、昭和30年代にかけて建てられたもの。主屋の多くは平入で、重い雪に耐えられるよう太い登梁を2階の軒先まで突き出した豪壮な造りが特徴的。重要な宿駅だったため、防御のため道路を屈折して遠くを見通せないようにした矩折（かねおり）も見られる。

街道沿いの主屋は切妻造平入が一般的で、太い登梁が特徴的。2階には袖壁が付く

◎交通…JR北陸本線「今庄駅」から徒歩約5分

宿場町

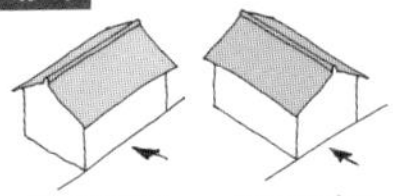

福井県若狭町 熊川宿（くまがわじゅく）

交通の要所に誕生した情緒豊かな宿場町

若狭は天皇に食料を献上する御食国（みけつくに）。水揚げされた魚介類は日本海と畿内を結ぶ「鯖街道」を通って送り届けられた。街道随一の宿場町だったのが熊川宿だ。

福井県若狭地方は天然の良港が多く、京都にも近い地理的条件から、古来より魚介類の水揚げ地として都の食文化を支えてきた。近年「鯖街道」と呼ばれている道筋は、かつて若狭と京都を徒歩で結んだ道の総称だが、中でも今の国道367号にあたる若狭街道はあまたの旅人や行商人が利用。若狭・近江国境の要衝でもあった熊川宿は、街道随一の宿場町として繁栄した。

伝建地区は街道沿いの約1.1kmの範囲で、若狭側（北西）から順に下ノ町（しもんちょう）、中ノ町（なかんちょう）、上ノ町（かみんちょう）で構成される。各町とも街道に沿って前川と呼ばれる水路が流れ、その水を自宅内に取り入

POINT
熊川宿のかわと

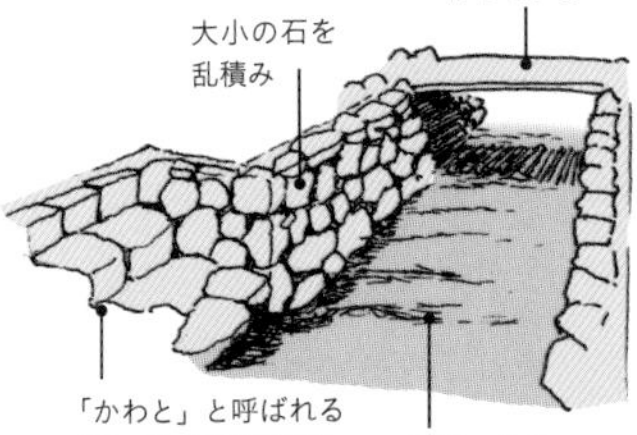

各家の玄関前に橋が架かっている
大小の石を乱積み
「かわと」と呼ばれる洗い場（水利施設）。ここで洗濯などを行い、今も野菜洗いに使われている
幅1mほどの水路

※1：街道の宿駅で人馬の中継などを行った役所

造り酒屋を営んでいた旧逸見勘兵衛家住宅は江戸末期ごろの建築。店舗兼住宅の主屋と土蔵が残る

旧逸見勘兵衛家の内部。町並み保存と生活を両立させるあり方を提示するモデルハウスとして公開している

明治以降は民家として使われた熊川番所。全国にある伝建地区で唯一、元の位置に現存する番所建築だ

かつて生活用水などに用いられた、前川と呼ばれる水路が流れる中ノ町の町並み

れる「かわと」という水利施設が備えられている。町奉行所や問屋場（※1）が置かれ、宿場の中心的枠割を果たした中ノ町には、造り酒屋を営んでいた旧逸見勘兵衛家住宅や、袖壁うだつが上がった倉見屋（荻野家住宅）、朱塗の格子が美しい菱屋（勢馬家住宅）などが現存する。

熊川宿の町並みの特徴は、立ち並ぶ建物の様式が多様なこと。平入（※2）と妻入が混在するだけでなく、壁の構造も柱が露出する真壁造と、柱を漆喰などで塗り込めた塗籠造が見られ、用途も店舗付きの町家や土蔵などがある。屋根瓦は若狭産の燻し瓦（※3）で葺かれ、丸みを帯びた起り屋根や、煙抜きのための越屋根を設けた家も見られる。古い建物に多い中2階建と明治後期から増えた2階建も入り混じり、これらが変化に富んだ景観をつくり出している。

◎交通…JR小浜線「上中駅」から西日本JRバスで約10分、またはJR湖西線「近江今津駅」から同バスで約30分。「若狭熊川」下車すぐ

◎公開施設…熊川宿資料館（宿場館）、旧逸見勘兵衛家、熊川番所

※2：屋根の頂部の棱線（大棟）と直角な方向に出入口があること（大棟と平行な方向だと妻入）

※3：焼成の過程で瓦を燻す製法。経年変化により黒や銀色の色ムラが現れるのが特徴

東海

江戸期に最重要の交通路となった東海道の周辺で発展した宿場町や職人町の他、林業や木工業、製紙などで栄えた内陸部の商家町など、多様な町並みが見られる。

p.84

飛騨市 飛騨古川

◉城下町

鯉が泳ぐ瀬戸川沿いに白壁土蔵や寺院の石垣が並ぶ景観は風情たっぷり。飛騨大工が腕を振るった町人地の町家も必見。

p.80

高山市 下二之町・大新町

◉商家町

明治から昭和初期に建てられた町家が良い状態で残り、落ち着いた風情が漂う。飛騨大工の高い建築技術が公開施設で見られる。

p.82

高山市 三町

◉商家町

低い軒高に出格子、そして木部を黒っぽい塗料で着色した家屋が整然と連なる。町並みの統一感のある美しさが見どころ。

p.82

恵那市 岩村町

◉商家町

東西に続く通りの中ほどにある桝形を境に、東側は江戸時代の町家、西側は明治以降の木造建築が集中。時代の変遷を実感できる町並みだ。

p.85

焼津市 花沢

◉山村集落

谷あいの傾斜地に石垣で平地を築き、その上に下見板張の建物が立つ。家々が階段状に連なる景観は山間部ならでは。

p.72

白川村 白川郷荻町（おぎまち）

◉山村集落

大きな切妻茅葺屋根の合掌造家屋が大小100棟以上も並ぶ。周囲の山林や田畑と家々が一体化した集落景観は圧巻。

p.83

郡上（ぐじょう）市 郡上八幡北町（ぐじょうはちまんきたまち）

◉城下町

袖壁を設けた家々が続く、統一感のある町並み。軒先には水路が流れ、「水の町」と呼ばれる清らかな風景が広がる。

p.78

美濃（みの）市 美濃町（みのまち）

◉商家町

防火壁として設けた「うだつ」の上がる町並みで有名。必見は商家が富を示すために装飾した豪華なうだつだ。

p.87

亀山市 関宿（せきじゅく）

◉宿場町

旧東海道の宿場町の面影を色濃く感じさせる町並み。町家の2階に施された漆喰細工など、華やかな意匠を見ておきたい。

p.85

名古屋市 有松（ありまつ）

◉染織町

東海道沿いに立つ豪壮な絞商（しぼりしょう）屋敷が圧巻。主屋、土蔵、門・塀などが通りに面して並び、ゆったりとした印象の町並みとなっている。

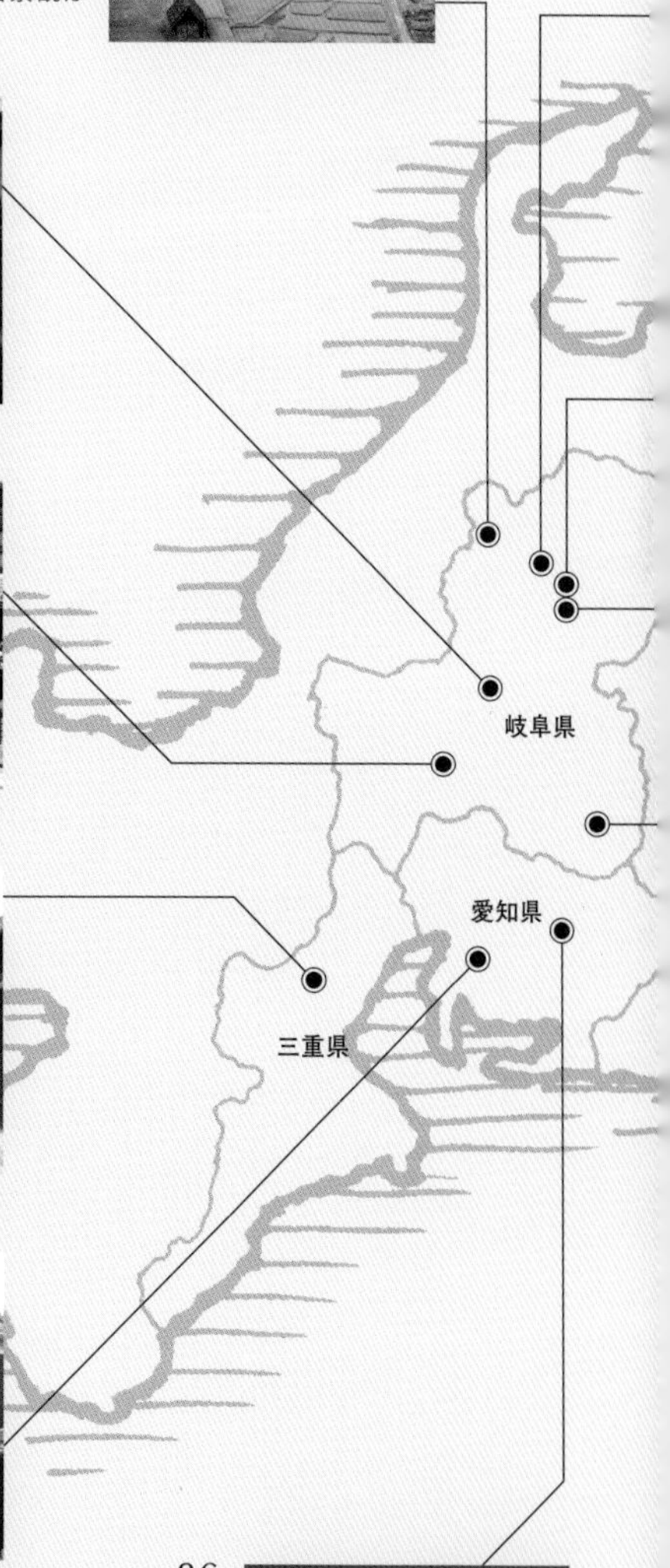

p.86

豊田市 足助（あすけ）

◉商家町

立派な白壁町家が並ぶ街道。板壁の建物が続く小さな路地。離れ座敷が連なる川沿い。多彩な景観が2kmにわたって楽しめる。

山村集落

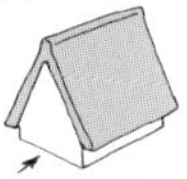

切妻造妻入

岐阜県 白川村
白川郷荻町（おぎまち）

壮大な合掌造（がっしょうづくり）民家が、山村の原風景に映える

豪雪地帯ならではの急勾配の三角屋根が特徴で非常に大きな「合掌造」の茅葺民家群。家々が同じ方角を向いて立ち並ぶ独特の景観は世界的に貴重な文化遺産だ。

白川郷の合掌造集落として広く知られ、五箇山（ごかやま）とともに世界文化遺産に登録されている白川村荻町地区。白川郷とは岐阜県西北部の庄川（しょうがわ）流域全体の呼称で、白川村より上流にある荘川（しょうかわ）村（現・高山市荘川町）も含まれる。一帯は豪雪地帯の山村であり、またかつての庄川沿いの国道は険しい谷沿いの狭い道だったことから、比較的近年まで冬期は陸の孤島となる厳しい環境下にあった。

白川郷の中心的集落の1つである荻町は、周辺流域の中では恵まれた平坦な土地をもち、合掌造の民家も数多く点在する。合掌造とは、掌（てのひら）を合わせたような山形に木材を組む叉首（さす）構造の茅葺家屋のことで、荻町では切妻屋根になっているものが多い。

一般的な茅葺民家と大きく違うところは、2〜4層にも及ぶ屋根裏の空間をもつ大型家屋となっている点。生活環境が厳しいこの地では大家族制（※）が基本で、大人数が生活する広い床面積が必要だった。さらに、基盤産業だった養蚕業の作業場とし

※：この地域でのかつての風習。跡継ぎである長男のみが結婚して、他の弟姉妹は分家をせずに共同生活を行っていた

荻町は世界遺産に登録された3集落の中では最も規模が大きく、山間部に開けた平地に多くの家々が立ち並ぶ

て、屋根裏を積極的に活用できたことなどが、家屋が大型化していった理由と考えられる。

白川郷の合掌造民家は、いずれも妻面を南北に向け、谷筋に沿うよう建てられている。これは屋根に当たる日照量が均等になるため雪のとけ方も均一になるとともに（積雪の偏りを防ぐ）、谷に沿って吹く風を考慮し、その抵抗を最小限にするための工夫だ。また、積雪が多く雪質が重いという自然条件に合わせて、屋根は概して60度近い急勾配となっている。

茅葺の屋根は30〜40年に一度葺き替えを行う必要があるが、合掌造の

合掌造民家の屋根裏。屋根組には釘を用いず、すべて丈夫な縄で縛って固定される。妻の開口部から風と光を取り込んで、養蚕に適した環境をつくり出している

南側から望む合掌造の民家。急勾配の屋根をのせた大きな家々が、同じ向きに建てられていることが分かる

神田家住宅の中2階。チョンナバリ（曲梁）で屋根の重量を分散させ、建物の強度を高めている

明治23年（1890）築の長瀬家。大きな屋根を支える木組の上下方向には長さ約11mもの一本柱を用いている

和田家住宅の2階内部。数層分ある屋根裏に簀子（すのこ）や板を並べて床を造り、養蚕などの作業場として活用した

大型屋根ではとりわけ大きな労力を要する。白川郷では「結（ゆい）」と呼ばれる住民たちの相互扶助関係が存在し、春先になると住民総出による大がかりな葺き替え作業が行われてきた。

　昭和戦前期に来日したドイツの建築家ブルーノ・タウトが、著書『日本美の再発見』の中で絶賛した合掌造民家の構造美。しかし、庄川流域のダム建設や小集落の集団離村などにより、大正13年（1924）に約300棟あった合掌建物は、戦後の昭和36年（1961）には190棟と激減してしまう。こうした中、荻町の地域住民を中心に建物保存の機運が高まり、「売らない」「貸さない」「壊さない」の3原則のもと、貴重な集落の景観が今日まで保たれている。

　また、集落と庄川を挟んで隣接する場所には、白川村内で使われなくなった家屋を移築・保存した野外博物館「合掌造り民家園」もある。

◎交通…JR北陸新幹線「新高岡駅」から加越能バスで約2時間、「白川郷（荻町）」下車すぐ
◎公開施設…和田家住宅、神田家住宅、ふる郷長瀬家、明善寺郷土館

荻町でも最大規模の合掌造民家である和田家住宅は国重要文化財。和田家は江戸時代に庄屋や番所役人を代々務めていた

明善寺の庫裡（右）は江戸末期建築の合掌造建物。入母屋造の本堂（左）や鐘楼門も茅葺屋根で造られている

白川郷 I.C

360

白川郷
荻町(P.72)

0 4km

…さくら街道

天生(あもう)峠

天生県立自然公園に指定された、幽玄なたたずまいの峠。ブナ原生林を歩いたり、ミズバショウをはじめ四季折々の花を楽しんだり、自然を満喫できる。秋の紅葉は彩り豊か。6月上旬～11月上旬まで開通

平瀬温泉

渓流沿いにたたずむ山里の温泉。白山の麓から湧き出る硫黄泉には美肌効果があるとされ、古くから子宝の湯としても知られる。日帰り入浴が可能な「大白川温泉しらみずの湯」などもある

御母衣(みぼろ)ダム

コンクリートを用いず土と岩を盛り立てて造ったロックフィルダムで、高さ131m・堤長405mもの規模を誇る。御母衣電力館では、ダムの建設過程や発電の仕組みを展示している

158

高山清見道路

飛騨清見 I.C

白川村

御母衣湖

156

魚帰りの滝

古来から名瀑として知られる、落差7m・幅20mの滝。春は新緑、秋には紅葉と見事なコントラストを織りなす。釣りや野鳥観察のポイントとしても人気

高山市
荘川町

庄川

東海北陸自動車道

158

そばの花

標高800m以上の高地に位置する荘川町はそばの産地として有名で、7～8月になるとあちらこちらのそば畑で花が咲き誇る。一面真っ白な眺めは幻想的だ

156

荘川 I.C

257

飛騨荘川の里

県重要文化財の三島家など、古くから荘川にあった民家を移築保存。民俗資料館として一般公開し、当時の生活様式を伝えている。水曜・冬期(12月上旬～4月上旬)休

【寄り道ガイドマップ】

さくら街道

古くからの伝統文化や風習が今なお残る白川村と高山市荘川町。国道156号線で結ばれた約31kmの区間は「さくら街道」と呼ばれる。ドライブで景色を楽しみながら巡りたい。

白山白川郷
ホワイトロード

岐阜と石川の33.3kmを結び、国立公園内を走るドライブコース。雄大な自然の景観に恵まれ、白山の眺望や大小の滝が流れ落ちる渓谷美を楽しめる。6月上旬～11月10日まで開通

大白川（おおじらかわ）露天風呂

白山国立公園大白川園地の中にある、天然かけ流しの露天風呂。目の前に広がるエメラルドグリーンの白水湖や、白山五山の1つに数えられる別山（べつざん）を一望でき、雄大な自然をゆったり満喫できる。6月上旬～10月下旬まで営業

白水の滝

県の名勝に指定された高さ72m・幅8mの滝。絶壁から流れ落ちる水が生み出す、水煙や爆音は圧巻の一言

白山

日本三名山の1つに数えられ、白川村と石川県白山市に股がる標高2702mの山。頂上付近は高山植物の宝庫としても有名で、7～8月になると色とりどりの花が咲き誇る。整備された登山道を歩きながら鑑賞したい

旧遠山家民俗館

文政10年（1827）ごろに建てられた国重要文化財の切妻合掌造家屋。4層建の1階部分は居住空間、2～4層は養蚕の作業場として使われ、今は衣食住の資料が展示公開されている。水曜、年末年始休

荘川桜

御母衣ダム湖畔の中野展望台に立つ、樹齢450余年もの2本の巨桜。昭和35年(1960)にダム建設による水没予定地から移植されたもの。以来、春になると大木に美しい花を咲かせている

そばの里 荘川
心打亭

高冷地で栽培された荘川産そばを使用した、風味豊かな手打ちそばが自慢のお店。最大直径13mの5連水車や直径2.2mの巨大石臼が迫力満点。火曜休

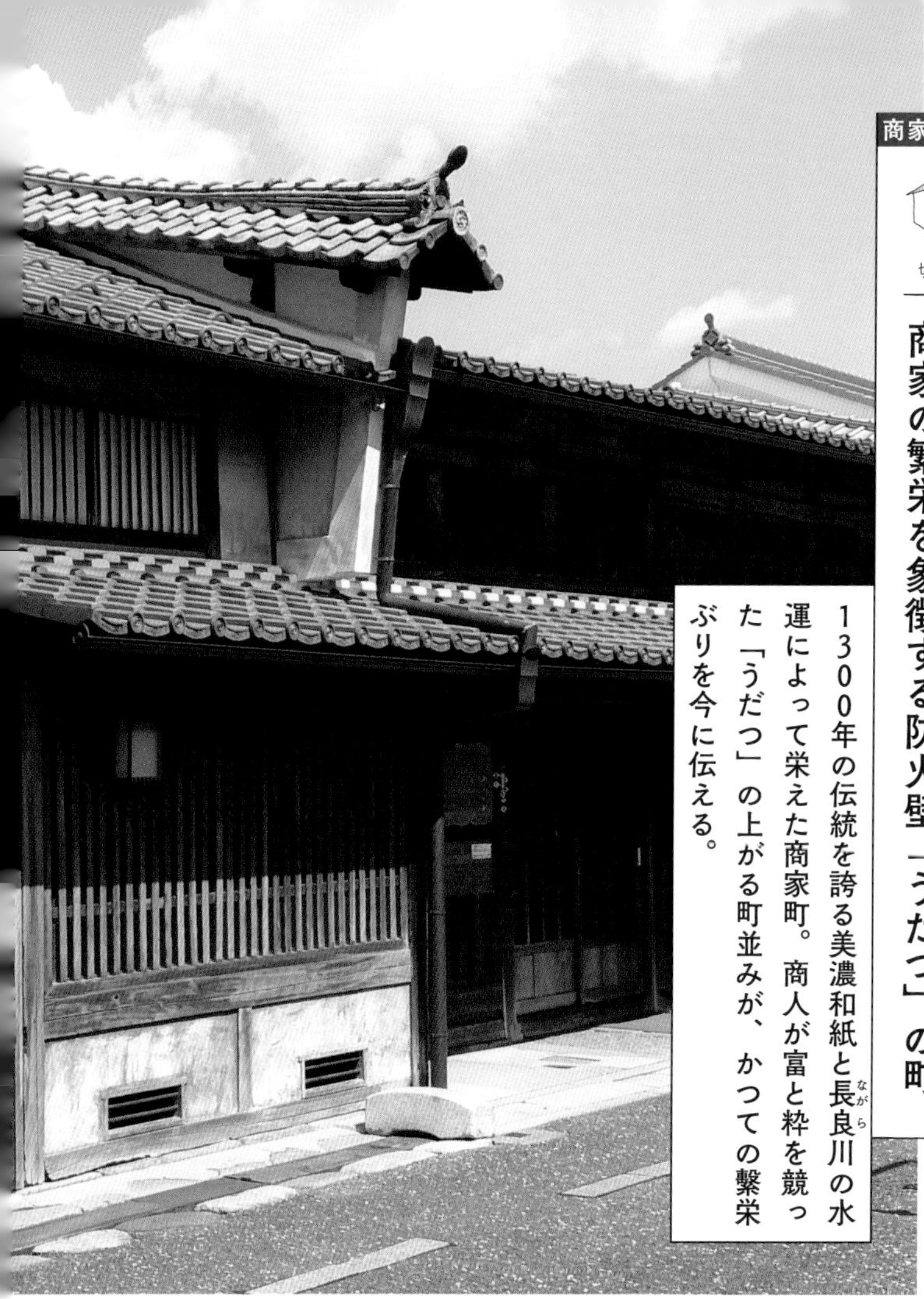

商家町

切妻造平入

岐阜県 美濃市 美濃町

商家の繁栄を象徴する防火壁「うだつ」の町

1300年の伝統を誇る美濃和紙と長良川の水運によって栄えた商家町。商人が富と粋を競った「うだつ」の上がる町並みが、かつての繁栄ぶりを今に伝える。

江戸初期に長良川の河港・上有知湊が開かれたことにより、水運の拠点として栄えた美濃町（※1）。代表的産物は和紙で、障子紙を指して美濃紙と呼ばれるほど普及した。

美濃町の伝建地区は、北東〜南西方向に伸びる2本の大通りと、大通りに直交する4本の横町（※2）で整然と区画されている。道幅は大通りが約4間（7.2m）、横町が約2間半（4.5m）と、江戸中期に広げられた幅員のままで、短冊形の地割も往時の姿をとどめている。

そんな美濃町を象徴する景観といえば、うだつの上がる町並み。美濃町のうだつは、屋根の両端を一段高

POINT

美濃町のうだつ

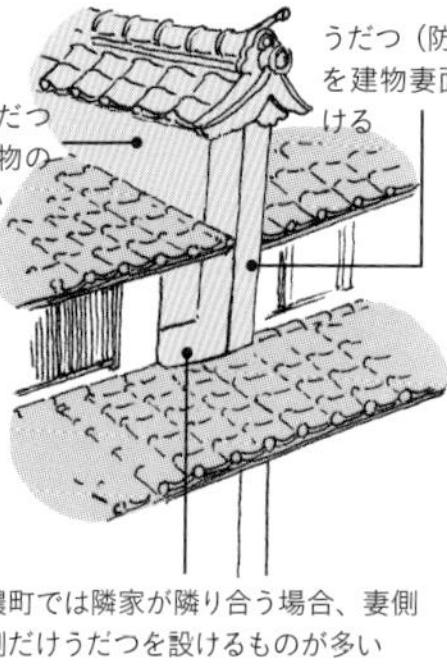

うだつ（防火壁）を建物妻面に設ける
美濃町のうだつの高さは建物の2階より高い
美濃町では隣家が隣り合う場合、妻側片側だけうだつを設けるものが多い

※1：明治末期に旧町名の上有知から美濃和紙にちなんで改名された
※2：表通りから横に入った路地。横丁とも書く

旧今井家住宅。紙問屋だった商家を美濃史料館として公開。うだつはもっとも古い形式で簡素な軒飾りが特徴

江戸時代から続く造り酒屋の小坂家住宅。起(むく)り屋根の両端に上がるうだつも、美しい起りの曲線を描く

隣り合う家々に並んで上げられたうだつ。鳥衾(とりぶすま)、鬼瓦、破風瓦、懸魚の豪華な軒飾りが付けられている

屋根に祀られた火防神(ひぶせがみ)。高台に町が築かれて水が乏しかったことから、防火には注意が払われた

くするように造った防火壁のこと。美濃町は水害を避けるため丘の上に形成されたため、逆に水利が乏しく火災に弱い町だった。そうした事情から、うだつが広く普及していった。

やがて防火壁としての役割にとどまらず、裕福な商家は富の象徴としてうだつに立派な装飾を施した。旧今井家住宅は、18世紀末に建てられた市内最大規模の商家で、屋根のうだつは破風瓦(はふがわら)（※3）が左右2枚ずつとなっている（他家では左右1枚ずつ）。このうだつは町でもっとも古い形とされ、鬼瓦が小さく破風瓦の下に懸魚(げぎょ)（※4）もない簡素な造りだ。他にも丸みを帯びた起(むく)り屋根の上にうだつを上げた小坂家住宅など、豪壮な家々が立ち並ぶ。

うだつの上がった町家は19棟現存し、その数は全国一。家ごとに異なる装飾を見比べながら、和紙で栄えた町の歴史に思いを馳せたい。

◎交通…長良川鉄道「美濃市駅」から徒歩約10分
◎公開施設…旧今井家住宅、小坂家住宅

※3：妻側の三角形の部分（破風）に付ける破風板の一種　※4：破風板の下に装飾で付けられる彫刻を施した板のこと

商家町

岐阜県 高山市

下二之町（しもにのまち）・大新町（おおじんまち）

高い木工技術を物語る商家が立ち並ぶ

林業地帯として木工産業が発展した飛騨地方。その中心地としてにぎわった天領の商家町に、優れた建築技術をもつ飛騨の匠が生み出した質の高い建造物群が立ち並ぶ。

岐阜県飛騨地方は、北アルプスや白山連峰の高い山々に囲まれた日本有数の山岳地帯。面積の90%以上を山林が占める中で、わずかに開けた盆地に高山の市街地が広がっている。天正14年（1586）、豊臣秀吉から飛騨の領主に任じられた金森長近（かなもりながちか）が、この地に城と城下町を建設。元禄5年（1692）に江戸幕府の天領となって城は破却されるが、旧城下町は商業の中心地として繁栄を続けた。

南北に細長い旧城下町の町人地には南北方向に3本の道が設けられ、東西方向の安川（やすがわ）通り（現在の国道158号線）がほぼ中央を横切る。下二之

POINT

高山の箱庇（はこびさし）

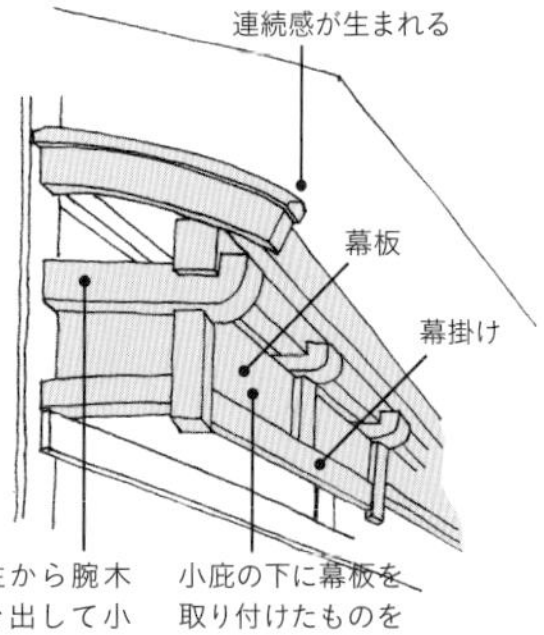

庇先の高さはほぼ同じ高さに揃えられ、家並みに統一された連続感が生まれる
幕板
幕掛け
柱から腕木を出して小庇を支える
小庇の下に幕板を取り付けたものを箱庇という

造り酒屋を営んでいた吉島家住宅。明治40年（1907）築。日下部家住宅と共に、明治以降の民家で初の国重要文化財に指定された

吉島家住宅の主屋内部。鉋で丁寧に仕上げられた漆塗の梁組が美しい

明治の大火後すぐに建てられた宮地家住宅。間口3間半（約6.5m）の標準的な商家が、大きな改造を加えられずに現存している

幕府代官所の御用商人として栄えた日下部家住宅。出格子や箱庇などをもつ、高山の代表的な町家建築だ

町・大新町の伝建地区は安川通りの北側に位置し、明治8年（1875）の大火以降に建てられた商家の豪壮な建物が並んでいる（※1）。

道路に接して立つ建物の多くは切妻造平入2階建で、柱梁を見せる真壁造。低い2階の軒を深く出し、箱庇や出格子（※2）などの表構えをもつ。公開されている町家では、飛騨の匠によって建てられた、吹き抜けに浮かぶ豪快かつ整然とした柱梁の架構を見ることができる。特に、明治12年（1879）築の日下部家住宅（日下部民藝館）は完成度が高く、柿渋にすすと弁柄を混ぜ茶色に塗った木部の仕上げなど、高山の商家の特徴をとどめている。

近年建築された建物は軒高が高くなり、昭和期の本2階建（※3）の町家も立ち並ぶ。その一方、中庭の奥にある土蔵は明治の大火で延焼を免れ、今なお現存しているものも多い。

◎交通…JR高山本線「高山駅」から徒歩約15分
◎公開施設…日下部民藝館、吉島家住宅、宮地家住宅、村半（高山市若者等活動事務所）

※1：旧町人地のうち安川通りを挟んで南側も伝建地区に選定されている（三町、82頁） ※2：外壁から外に張り出して造られた格子
※3：かつての日本建築で多かった天井の低い2階建（中2階建）に対する、本来の2階建

町家の多くは1階正面に格子が取り付けられている。木部の黒っぽい色合いは、すすと弁柄を柿渋に混ぜ着色したもの

◎交通…JR高山本線「高山駅」から徒歩約15分

商家町

岐阜県 高山市
三町

細部まで洗練された飛騨大工による建築美が商家町の繁栄を物語る

戦国時代末期に金森長近が築いた城下町・高山は武家地より町人地が広いのが特徴。旧町人地の南半分にあたる上町を中心とした伝建地区が三町だ。狭い道の両側に町家が隙間なく連なる上三之町は特に往時の町並みが良好に保存されている。川の対岸に立つ陣屋に配慮し、町家は中2階で軒高もほぼ4.5m前後と低め。木部の黒っぽい色合いや、縦横の間隔が広い独特の格子など、飛騨大工による意匠に統一感があり、整然とした景観を形づくっている。

城下町として開かれた当時から道幅はほぼ同じ

城下町の本通り沿いに異なる時代の町家が並び商家町の発展を伝える

鎌倉時代から山城が築かれていた岩村は江戸時代に城下町が整備され、近世以来の商業活動で栄えた商家の町並みが東西約1.3kmの本通りに沿って広がっている。江戸時代の町人地だった本町には真壁造または大壁造の中2階建家屋が多く、深い軒を腕木と出桁で支える造りが特徴的。一方、明治以降に形成された西町・新町には木造本2階建の比較的新しい建物が多いが、伝統的な形態を随所に残し、本町と統一感が取れた歴史的町並みになっている。

問屋として栄え藩主も来訪していた木村邸。江戸期の主屋は大壁造

商家町

岐阜県 恵那市
岩村町

切妻造平入の建物が並ぶ町並み。1階下屋庇の上に木製の古い看板を当時のまま残す商家もある

◎交通…明知鉄道明知線「岩村駅」から徒歩約20分

旧町人地の町並み。防火のため漆喰塗の袖壁を設けた家々の軒下には、湧水を生かした用水が流れている

城下町

岐阜県 郡上(ぐじょう)市

郡上八幡北町(ぐじょうはちまんきたまち)

切妻造平入

◎交通…長良川鉄道「郡上八幡駅」から郡上八幡コミュニティバスで約10分、「城下町プラザ」下車すぐ
◎公開施設…郡上八幡博覧館、郡上八幡城

名水百選第1号の湧水「宗祇水(そうぎすい)」は、水の町・郡上八幡のシンボル。市内各所で伏流水が沸き、城下には水路が張り巡らされている

大正9年（1920）築の旧税務署庁舎は、木造2階建の洋風建築。現在は郡上八幡の歴史などを紹介する郡上八幡博覧館として公開

緑あふれる城跡と清冽な湧水に癒やされる奥美濃の小京都

長良川上流の山間部、支流・吉田川と小駄良(こだら)川の合流点に形成された城下町・郡上八幡。市街地を見下ろす八幡山には城跡の石垣がよく残り、昭和8年（1933）に再建された4層の木造模擬天守は町の象徴となっている。

伝建地区は、吉田川の南北にまたがる城下町の北側にある、柳町・大手町・職人町・鍛冶屋町を中心とした一帯。柳町は旧武家地で、かつては大きな地割が配されていたが、大正8年（1919）の大火後に市街地整備で細分化された。大手町などの旧町人地では、短冊形で奥行のある地割が姿をとどめる。それぞれ真壁(しんかべ)造平入(づくりひらいり)2階建の家々が密接して並び、隣家との境に袖壁をもつのが特徴。

各通り沿いには、江戸時代に整備が始まったとされる水路があり、訪れる人々に安らぎを与えてくれる。

色とりどりの鯉が泳ぐ瀬戸川沿いに、町人地の白壁土蔵群が約500m続く

城下町

切妻造平入

岐阜県 飛騨市

飛騨古川

◎交通…JR高山本線「飛騨古川駅」から徒歩約5分

軒下に連なる腕木の装飾は、家を建てた飛騨大工が自らの紋章として彫りつけたもの。「雲」と呼ばれ、町家を美しく彩る

1階は縦横格子、2階は竪格子のみと上下階のコントラストが美しい蒲酒造場。建物は国登録有形文化財に指定されている

川沿いの白壁土蔵群と飛騨大工の技を生かした町家がひっそりと残る

高い山々に囲まれた盆地の豪雪地帯に位置する飛騨古川。奈良時代から都の造営などで培った建築技術が飛騨の匠たちに代々受け継がれ、京都と江戸の文化が融合した古風で上品な城下町が生まれた。

明治37年（1904）の大火で町の9割が焼失した後、火災に強い土蔵が随所に建てられた。武家地と町人地の境界に流れる瀬戸川沿いに白壁黒腰壁の土蔵が並ぶ景観は、司馬遼太郎が「飛騨随一ノ町並也」と絶賛したほど見事。町人地の壱之町には切妻造平入を基本とする商家や造り酒屋の家屋が並んでいる。

飛騨古川には周囲との調和を乱す「相場崩し」を嫌う地域性がある。「雲」と呼ばれる軒下の装飾や格子など匠の技が各家で遺憾なく発揮されつつも、町全体に統一感がある整った景観が残っているのはそのためだ。

街道沿いに流れる川と石垣が調和する。石垣には集落内から切り出した石材などを使っている

◎交通…JR東海道本線「焼津駅」からタクシーで約10分

山村集落

静岡県 焼津（やいづ）市

花沢（はなざわ）

古代の東海道に沿って ひっそりとたたずむ 昔ながらの山村集落

平安時代前期まで使われていた古代の東海道沿いにたたずむ花沢の里。「花沢三十三軒」という言葉が示すように、古くから戸数が30軒前後に維持されている。三方を山に囲まれた傾斜地にあり、石垣が旧街道に沿って階段状に築かれている。主屋は山を背に敷地奥に立ち、前庭を囲むように附属屋（※）が手前に配されている。隣地との境は「ミゾッチョ」と呼ばれる排水溝が通るだけなので、石垣の上に立つ附属屋が隙間がなく連なる独特の景観が生まれた。

附属屋の2階を廊下でつないだ長屋門風造。ここが敷地入口となる

※：花沢では附属屋は貯蔵庫や季節労働者の宿泊施設に使われた

絞（しぼり）染（ぞ）めで発展した 東海道沿いの町に 豪壮な屋敷が今も残る

尾張藩の庇護の下、有松絞（しぼり）の製造販売で町は発展。やがて絞業が分業化され、東海道沿いの約８００ｍの区間に、大規模な絞問屋の商家や絞染め職人の町家が混在する町並みが形づくられた。中でも目を引くのが、間口の広い切妻造中2階建の主屋と土蔵を並べ、その脇に門を開いて大きな敷地を板塀で囲んだ絞商の屋敷構え。長屋門を構え、塗籠（ぬりごめ）造の主屋と黒漆喰塗りの土蔵が連なる竹田家住宅など、重厚かつ豪壮な造りが往時の繁栄を今に伝える。

絞商の典型的な屋敷構えを残している竹田家住宅

染織町

愛知県 名古屋市

有松（ありまつ）

大規模な間口と敷地をもつ豪壮な商家が東海道沿いに立つ。天明４年（１７８４）の大火後、家屋の多くは塗籠造で再建

◎交通…名鉄名古屋本線「有松駅」から徒歩約５分

町の裏側ともいえる足助川沿いの風景。幕末から近代にかけて築かれた石垣の上に、離れ座敷が立ち並んでいる

商家町

切妻造妻入　切妻造平入

愛知県 豊田市

足助（あすけ）

◎交通…名鉄名古屋本線「東岡崎駅」から名鉄バスで約60分、「香嵐渓一の谷口」下車すぐ
◎公開施設…足助中馬館

マンリン小路と呼ばれる街道脇の小径。道路との境界いっぱいに建てられた主屋や土蔵の、白漆喰と下見板張（したみいたばり）の対比が美しい

街道沿いには、1階に庇を設けた平入と妻入の商家が並ぶ。足助では江戸後期の早い時期から、軒高の高い本2階建が主流だった

三河山地の山間部で物流の拠点として発展した商家の町並み

名古屋と飯田を結ぶ伊那（いな）街道（中馬（ちゅうま）街道）の中継拠点であり、地域の要衝として栄えた足助。重要な交易物であった塩がこの地で荷直しされて飯田方面に運ばれたことから、多くの塩問屋が店を構え活況を呈していた。

足助の町並みは、南北を山で挟まれた狭い段丘上に立地する。街道沿いの商家は、短冊状の敷地に主屋を間口いっぱいに建て、その背後に土蔵や離れ座敷などを密に配した。傾斜の厳しい土地では敷地内に幾段もの段差を設け、奥に川が流れる土地では護岸上に建物を張り出すなど、狭隘（きょうあい）地ならではの特徴が見られる。

現在残る町並みは、安永4年（1775）の大火後に復興された塗籠造（ぬりごめづくり）（※）2階建の形式が基本。平入と妻入の町家が混在し、変化に富んだ景観を見せている。

※：壁を漆喰などで塗り固めて、柱を露出させない構造

中町には2階壁面を漆喰塗籠とした町家も多く見られる。漆喰細工を施した虫籠窓が目を引く、かつての旅籠「玉屋」（写真左）は歴史資料館として公開

宿場町

切妻造平入

三重県 亀山市

関宿

◎交通…JR関西本線「関駅」から徒歩約5分
◎公開施設…関宿旅籠玉屋歴史資料館、関まちなみ資料館、いっぷく亭 地蔵町（関宿散策拠点施設）、関宿西の追分休憩施設

伊勢への分岐点・東の追分。大鳥居は伊勢神宮の式年遷宮ごとに、伊勢からこの地に移される

中町の街道沿いに建てられた展望施設「眺関亭」からの町並み。正面中央に関地蔵院が見える

伊勢神宮や大和国への分岐点として栄えた東海道の宿場町

古代三関の1つ「鈴鹿関」に由来する地名をもつ関の町。江戸初期に東海道の宿駅となり、伊勢別街道と大和街道が分岐する立地条件もあって繁栄した。

伝建地区は、旧東海道沿いを中心とした東西約1.8㎞の地域。江戸〜明治期に建てられた古い町家が200軒余り現存している。本陣が置かれた中町には、比較的規模の大きい2階建町家が残る。中町の東側には木崎、西側には新所の町並みが続き、2階や平屋建を中心とした家々が立ち並ぶ。関地蔵院を除き、寺社は全て街道の北側に配され、北裏と呼ばれる落ち着いた町並みが広がる。

関宿の町家には、漆喰細工や出格子、庇下の幕板など、細部の意匠にこだわりのある建物も多く、東海道を歩く旅人たちの目を楽しませたことだろう。

関西 ①

京都・滋賀

趣あふれる京都産寧坂は言うに及ばず上賀茂の社家町、延暦寺の里坊群、山際では茅葺屋根の民家、海際では舟屋など歴史と地勢による個性ある町並みが残る。

p.101

彦根市 河原町芹町（かわらまちせりまち）

◉商家町

川の流れを付け替えて形成された町割が特徴的。緩やかに曲がる道の両側に虫籠窓（むしこまど）をもつ中2階建町家が並ぶ美しい町並み。

p.101

東近江市 五個荘金堂（ごかしょうこんどう）

◉農村集落

金堂陣屋を中心に、寺院、商家、農家が配された集落。五個荘商人の屋敷は大規模で目を見張るものがある。

p.102

近江八幡市（おうみはちまんし） 近江八幡

◉商家町

琵琶湖のほとりに広がる水郷の商家町。土蔵が立ち並ぶ八幡堀は美しく、大規模な商家の屋敷も実に堂々としている。

p.101

大津市 坂本

◉里坊（さとぼう）群・門前町

延暦寺の隠居僧侶が今なお住む「里坊」がひしめく門前町。敷地を囲う穴太衆積（あのうしゅうづみ）の緻密な石垣が町並みの美しさを引き立てる。

p.90

京都市 産寧坂（さんねいざか）

◉門前町

東山の神社仏閣への参詣路として今もにぎわう。中2階建や本2階建の町家が石畳の坂道に並ぶ、京都随一の情緒豊かな町並みだ。

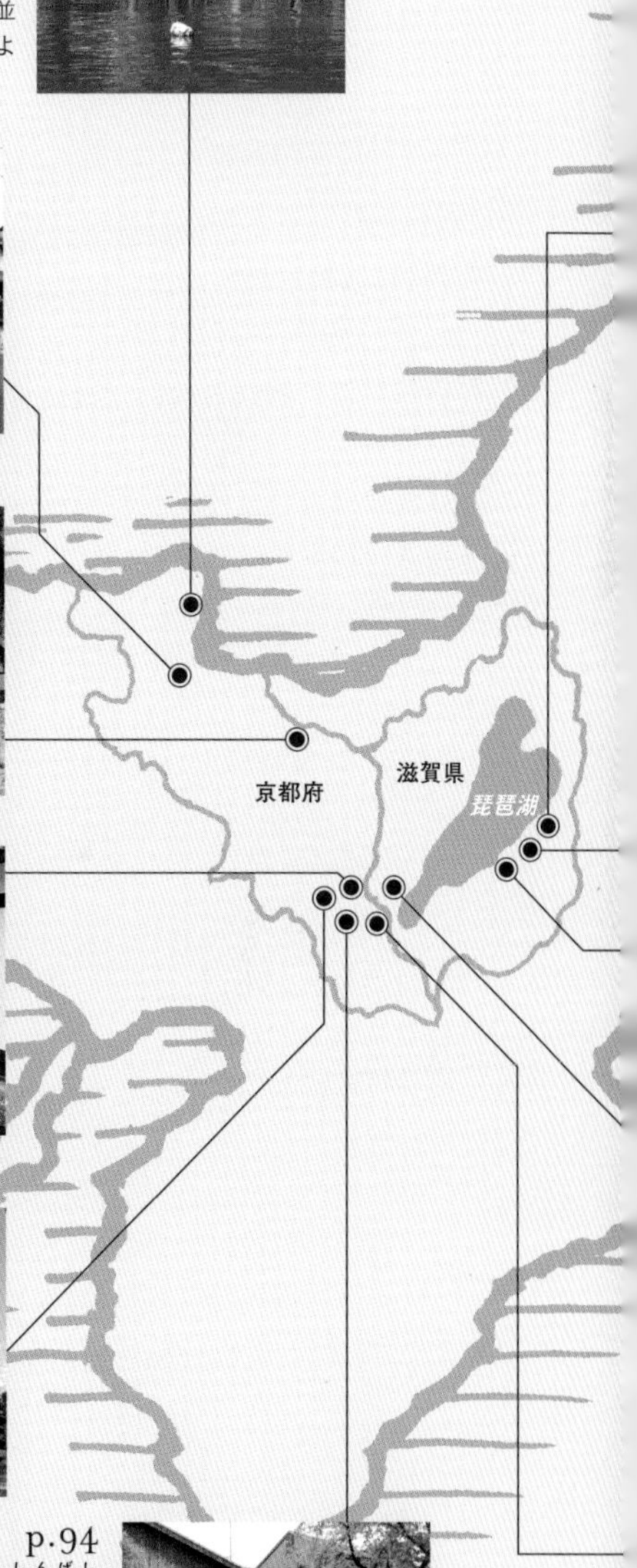

p.100

伊根町(いねちょう) 伊根浦(いねうら)

◉漁村

1階が漁船の収納庫、2階が居室の木造舟屋(ふなや)が伊根湾に沿ってぐるりと並ぶ。まるで海に家が浮かんでいるように見える景観は独特。

p.100

与謝野町(よさのちょう) 加悦(かや)

◉製織(せいしょく)町

ちりめん産業で発展し、明治・大正・昭和それぞれの時代の建物が現存。その町並みは「屋根のない建築博物館」とも呼ばれている。

p.96

南丹市(なんたんし)
美山(みやま)かやぶきの里

◉山村集落

全国3位の戸数となる茅葺建築が残る。山の緑に深く抱かれた小さな集落で、昔ながらの素朴な風景に癒やされる。

p.93

京都市 上賀茂(かみがも)

◉社家(しゃけ)町

上賀茂神社の神官が住んだ社家が並ぶ。明神川に面し、各家の玄関ごとに石橋が連続する独特な景観には気品がある。

p.95

京都市 嵯峨鳥居本(さがとりいもと)

◉門前町

市街地寄りの地区には町家風の建物や白壁の土蔵が多いが、山側に進むにつれて茅葺の農家風民家が増えていく、町並みの変化も見どころ。

p.94

京都市 祇園新橋(ぎおんしんばし)

◉茶屋町

白川の美しい流れを含む小さな地区に、茶屋様式の町家が並ぶ。京都の花街ならではの洗練された風情が印象的。

門前町

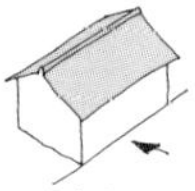

切妻造平入

京都府 京都市

産寧坂（さんねいざか）

多種多様の町家がひしめく参詣路

東山の由緒ある社寺への参詣路となる産寧坂地区には、一文字瓦、虫籠（むしこ）窓、弁柄（べんがら）格子など京町家の特徴を備える中（ちゅう）2階建や本（ほん）2階建の建物が延々と軒を連ねる。迷路のような石塀小路も含め、歩くたびに心ときめく町並み。

京都盆地の東側を囲う山の連なりを総称して東山と呼ぶ。その西麓には知恩院（ちおんいん）、八坂（やさか）神社、清水寺（きよみずでら）など古社名刹が平安時代より前から存在してきた。現在、伝建地区に指定されている産寧坂地区は、これらの神社仏閣と東大路（ひがしおおじ）通の間に位置する。主に見られるのは京町家だが、地区内でも町並みが変化する。

北から順に、まず八坂神社のある円山（まるやま）公園から高台寺（こうだいじ）表門までは、高台寺の塔頭（たっちゅう）と長く続く土塀が目を引く。並び立つのは数寄屋風の茶店や

POINT

中2階と本2階

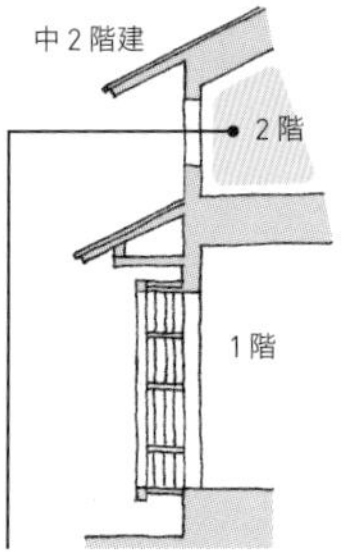

2階部分は天井が低く、屋根裏部屋的な空間だった。「町人は武士を見下ろさず」という原則があった江戸時代の家屋に多い

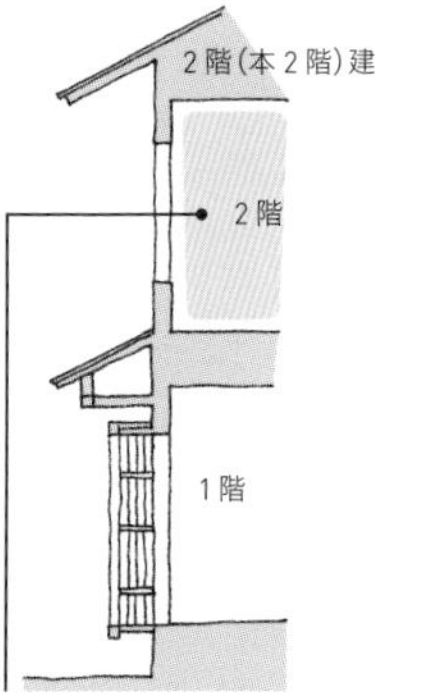

中2階より2階の天井が高い本2階。大正時代から一般的となった

八坂通から見た法観寺の五重塔。「八坂の塔」として親しまれ、通り沿いの町家越しに塔を望む景観は非常に有名だ

和風邸宅。前者は竹や杉丸太を用いて土壁仕上げとするなど茶室建築の手法が採用された建物。後者は黒瓦葺の木造平屋建もしくは2階建に門と塀を構えているのが特徴だ。

　高台寺表門から法観寺(ほうかんじ)の八坂の塔を経由して二年坂(にねんざか)までは、中2階建町家、本2階建町家、和風邸宅、社寺建築が混在している。

　二年坂から産寧坂までは、この伝建地区の中心的な存在だ。1階部分が店舗になっている中2階建町家や本2階建町家が軒を連ねる。うなぎの寝床のような建物が敷地の間口いっぱいに建てられているため、隣家との隙間はほとんどない。建物正面には京町家の大きな特徴である格子がふんだんに採用されており、特に道沿いに張り出した足付きの出格子は大ぶりで存在感もあり印象的だ。開口部も虫籠窓(むしこ)や数寄屋風の半月形の窓、手すり付きで簾のかかった窓など多様だ。建物外壁を泥や雨垂れのはねから守るために備えた竹製の犬矢来(いぬやらい)、屋根や庇の上に設置される

北から南へ向かって二年坂の階段へ至る道は、本2階建と中2階建が混在していて屋根の高さが異なることに加え、土地に高低差があるため立体的な景観となっている。通り沿いには建物の正面を個性的に彩った町家店舗が並ぶ

1階の屋根上に設置されている京行灯。半月形の数寄屋窓と共に町並みに彩りを添えている

石塀小路では、細い道沿いに板塀もしくは石塀をもつ和風邸宅が並び、ひっそりとした雰囲気が漂う

まっすぐで端正な軒先は、一文字瓦の賜物。下端が直線状の軒瓦で、施工に高い技術が必要とされる

魔除けのための鍾馗像などもよく見られ、町並みをいっそう魅力的なものにしている。石畳の白灰色に弁柄格子の茶、瓦の濃灰色といった色彩のコントラストがなんともしっとりとした雰囲気をつくり出している。

これらに加え、後に伝建地区に選定されたのが、高台寺北門通りから下河原通りに抜けるこぢんまりとした石塀小路周辺だ。このエリアは明治末期から大正期にかけて1人の企業家によって集中的に宅地開発された。石畳の細い路地に和風邸宅の石塀や板塀が続く景観は統一感があり、細く曲がって先が見えない道は独特の秘密感も漂う。

産寧坂地区に残る伝統的な建物は土産物を扱う店舗や飲食店として現在もそのままに活用されているところが多い。古い町並みに老若男女が集まり、今なお活気があるのは、産寧坂地区の大きな特徴だろう。

◎交通…JR京都駅から京都市バスで約15分、「清水道」下車徒歩約6分

延々と連なる土塀に薬医門、明神川の清流と連続する石橋が特徴的な景観

社家町

切妻造妻入

京都府 京都市

上賀茂(かみがも)

◎交通…京都市営地下鉄「北山駅」から京都市営バスで約12分、「上賀茂神社前」下車徒歩約5分
◎公開施設…西村家庭園

社寺建築では一般的な妻飾りとなる豕叉首。通りからもよく見え、社家町の雰囲気をいっそう増している

平安時代後期に作庭された西村家庭園。約1,300㎡もの広さがある庭園だ。写真は座敷から見た北庭の眺め

明神川(みょうじんがわ)の流れに土塀と豕叉首(いのこさす)のある白壁が映える

上賀茂地区は、平安時代に賀茂(かも)別雷(わけいかづち)神社（上賀茂神社）に寄進され、門前集落として発展した由来をもつ。室町時代以降は神官の屋敷（社家(しゃけ)）が並ぶようになった。

賀茂川を源流とし、神社から東へ流れ出る明神川と平行する、上賀茂本通り（藤ノ木通り）の両側に連なる町並みが伝建地区だ。薬医門(やくいもん)（※）と土塀で敷地を囲い、広大な庭園をもつ妻入(つまいり)の切妻平屋建(きりづまひらやだて)の社家と、平入(ひらいり)の2階建町家が混在している。

通りの南側に並ぶ社家は川沿いに土塀を巡らした造りのため、玄関ごとに小橋が架かるのがこの地区ならではの眺めだ。川と社家の関係は深く、まず上流側で川の水を敷地に引き込んで二分する。一方は庭園を巡らした後に下流で川に戻し、もう一方は生活用水として用いた後に庭に染みこませる独特の仕組みだ。

※：本柱の後ろに控柱を立て、切妻屋根を掛けた門。武家や公家の屋敷に多い

深みのある色合いの弁柄格子が続く町並みは、独特の美しさを放つ

茶屋町

京都府 京都市

祇園新橋（ぎおんしんばし）

切妻造平入

犬走りに設置した駒寄（こまよせ）は木製の柵。奥には繊細な格子が見え、多重する直線が整然とした雰囲気を醸し出している

白川に面した町家では建物の裏側が見えるのでここにも簾を掛ける。川沿いの桜や柳、水の流れが町家に趣を添える

白川と石畳の道と共に美観を織りなす洗練の極みにある町家

祇園新橋は、平安初期に祇園社（八坂（やさか）神社）の門前町として開けた。その後、正徳2年（1712）に茶屋町として開発され、鴨川の両岸で盛んだった歌舞伎などの芸能と密接につながり、江戸末期からは特に繁栄した。この頃に建てられた町家が新橋通りを中心に並び、今も料亭などとして現役で使われている。

代表的な建築は茶屋様式の町家だ。茶屋という性質上、客人をもてなす2階は階高が高く（本2階）、張り出し縁側にして簾を掛けるのが基本だ。また、白川沿いでは建物の裏側を見せる川端茶屋様式の町家が並ぶ。間口いっぱいに立つため、隣家と軒が連なって見え、庇の一文字瓦、駒寄（こまよせ）や格子の直線が一体となり、非常に端正な町並みとなっている。川沿いの桜や柳とも相まって、他に例を見ない美観が旅情をかき立てる。

◎交通…京阪電鉄京阪本線「祇園四条駅」から徒歩約7分

山に近づくにつれて、細い愛宕街道沿いに茅葺屋根がだんだんと増えていく

門前町

切妻造平入
（町家風）

入母屋造平入
（農家風）

京都府 京都市

嵯峨鳥居本

◎交通…JR東海道本線「京都駅」から京都市営バスで約75分、「鳥居本」下車すぐ
◎公開施設…京都市嵯峨鳥居本町並み保存館

明治初期に建てられた中2階の町家風民家を整備した町並み保存館の内部。細部にいたるまで忠実に復元されている

虫籠窓をもつ町家風の民家や土蔵は市街地側により多く見られる。板壁や格子の深い茶が漆喰の白や灰色を引き締める

桟瓦葺の町家風民家が茅葺の農家風民家に切り替わる

嵯峨鳥居本は、京都市内から愛宕山へ向かう愛宕街道に沿って、化野念仏寺を中心に600mほど連なる伝建地区だ。平安時代以前より開かれ、農業中心の集落として、また愛宕神社の門前町としての性質も加わりながら変遷を重ねた。

こうした背景から、異なる建築様式が混在するのが嵯峨鳥居本地区の特徴だ。市街地に近いエリアには虫籠窓（※1）をもつ中2階建の町家風民家や、切妻造平入で表に格子戸や人馬よけの柵（駒寄）をもつ下屋（※2）付き平屋建町家風の民家が多い。反対に、一之鳥居にかけては「くずや」と呼ばれる茅葺の農家風民家が見られるようになる。

桟瓦葺と茅葺の屋根が混ざりつつもだんだんと切り替わるさまは、奥へ進むほど自然と一体化するかのようで、時間の流れが感じられる。

※1：主に2階に設けられる通気と採光用の格子窓。漆喰で塗り回されていることが多い
※2：主屋全体の屋根から一段下げて壁から差し出して造った屋根、またはその下にできる空間

山村集落

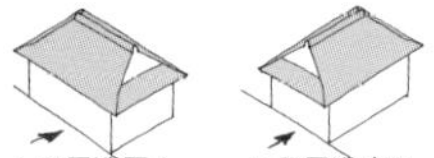

京都府 南丹市 美山かやぶきの里

茅葺建築が立ち並ぶ日本の原風景

丹波山地を北に背負い南を向いた茅葺民家の山村集落。深い山の緑と茅葺屋根の茶色が織りなす昔話に出てきそうな懐かしい眺め。

丹波山地を広く含む緑豊かな南丹市の北部、美山町。その中の知井地区北村は、集落全50戸のうち住宅・店舗を含め、計38棟もの茅葺建築が今も日常生活の場として使われている。その数は岐阜県の白川郷（72頁）、福島県の大内宿（27頁）に次いで多く、日本有数の茅葺の里として知られる。中世から伐木や狩猟など山稼ぎで成り立ってきた村のため、身近な山から調達した材料で家を建てて住むことをごく当たり前に行ってきた。

茅葺民家は建築が19世紀中頃までにさかのぼるものが多く、18棟とな

POINT

北山型民家の特徴

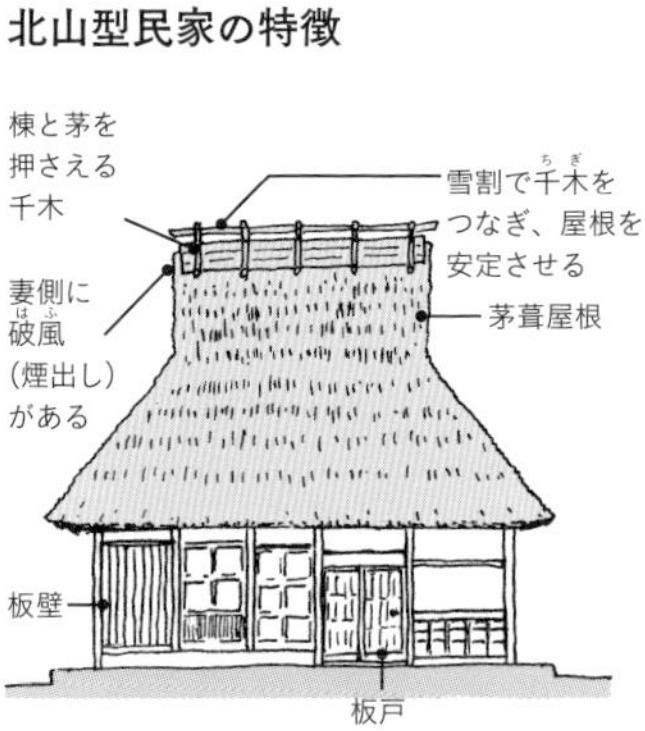

集落のすぐそばまで山が迫る。住むところも食べるものも山の恩恵を受けた当時の生活が目に浮かぶ

茅葺の納屋。農林業の道具を収納するほか、作業場として使用。現在は美山民俗資料館の一部として公開

美山民俗資料館として公開されている土蔵。穀物や貴重品を所蔵していた。屋根は杉皮葺

美山民俗資料館の主屋内部。手前の「台所」と呼ばれる居間に囲炉裏が切られている。板戸や板壁が特徴的

る。いずれも豪雪地帯ならではの工夫が凝らされた北山型民家の特徴を顕著に残している。その特徴としてまず、入母屋造の屋根の上には、棟の上で交差させて棟と茅を押さえる千木と、雪割と呼ばれる小棟がのる。雪割は字のごとく棟の雪を割る役目も果たす。これらが雨や雪から屋根を守って安定させる。屋根の下端を低く下げ、さらに土間を外部より一段高い「上げ庭」にすることで建物の開口部を狭め、囲炉裏から立ち上がる暖気を逃さないようにする。屋内のほぼ中央に切った囲炉裏の熱は屋根の融雪にも生かされる。この他、屋内外ともすべて板壁であること、屋根の妻側に煙出しの破風をもつなどの特徴もある。

主屋に付属する納屋、土蔵などの建物や、昔の生活道具なども手入れの行き届いた状態で残っており、当時の暮らしぶりが感じられる。

◎交通…JR山陰本線「日吉」駅から南丹市営バスで約50分、「北（かやぶきの里）」下車すぐ
◎公開施設…美山民俗資料館

【寄り道ガイドマップ】

西の鯖街道

若狭湾で水揚げした海産物が京都へ運ばれ、逆に京の文化が街道の各地に伝えられた。南北に走る「西の鯖街道」は距離が約87㎞。各地の食や文化をドライブして体験したい。

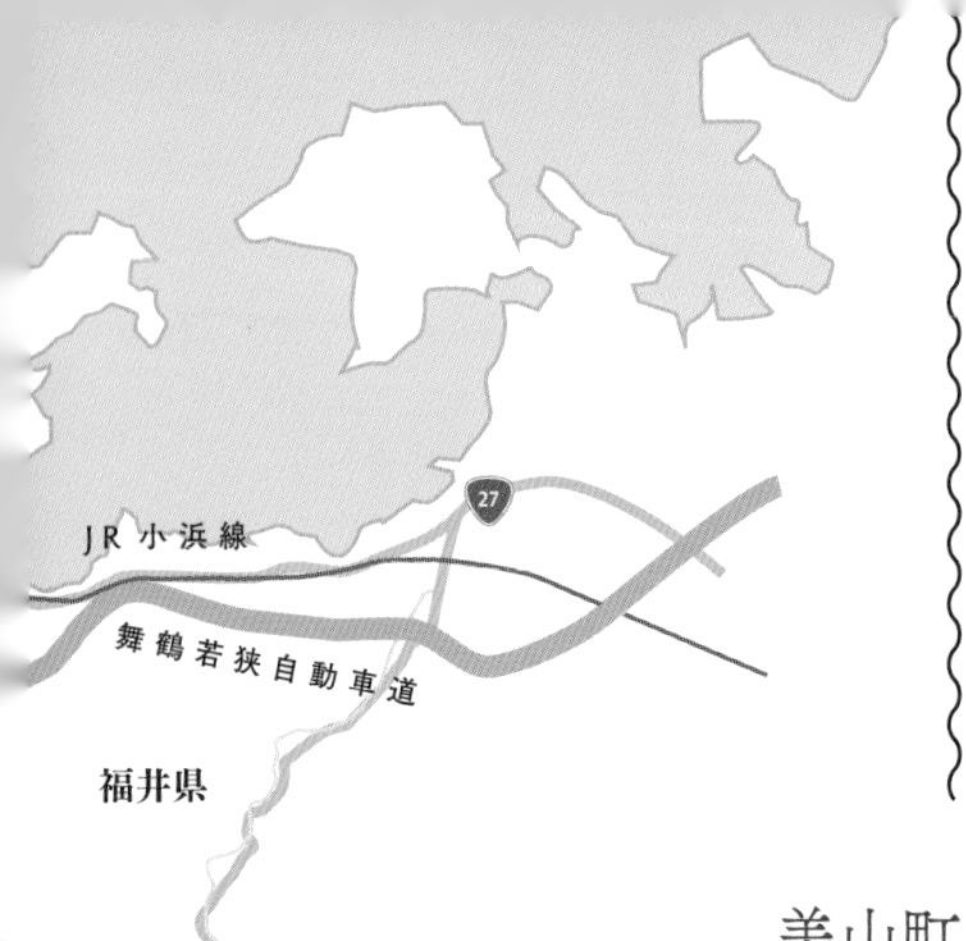

美山町
自然文化村「河鹿荘（かじか）」

由良川の清流沿いに立地するログハウス調の宿泊施設。「美山かやぶきの里」（96頁）を訪れる拠点として宿泊はもちろん、地元食材の和食料理を提供するレストランや日帰り入浴も利用できる

芦生（あしう）原生林

美山川の源流にブナなどの天然林が手つかずのまま残っている。野鳥をはじめ動植物が豊富で、探鳥ルートとしても人気だ。現在は針畑活性化組合などが催行するガイドツアーでのみ入林可能

福徳寺

和銅4年（711）に行基が開創し、明治15年（1882）に「福徳寺」として再興された寺院。保存庫には藤原時代（平安中期〜後期）の仏像を安置。樹齢約400年のシダレザクラが春に咲き誇る

芹生（せりょう）の里

人形浄瑠璃や歌舞伎「菅原伝授手習鑑（すがわらでんじゅてならいかがみ）」の舞台となった寺子屋跡が伝わる、標高約700mの里。菅原道真の遺児を指南したとされる武部源蔵の屋敷跡があり、渓流沿いはハイキングコースとしても人気

滝又滝（たきまたのたき）

織田信長の甥・十界因果居士が一時隠れ住み、滝に打たれ仏道修行を行ったと伝わる。高さ25mの絶壁から3段の岩々に流れ落ちる姿は壮観。ツツジや紅葉など四季折々の自然が滝の景色を趣深く彩る

青葉山

約400万年前の火山活動によって生まれた、福井県と京都府の境にそびえる標高693mの山。美しい正三角形の姿から「若狭富士」とも呼ばれ、天気が良ければ山頂からは越前海岸や白山も望むことができる

明鏡洞

高浜城跡の城山公園の中にあり、「八穴の奇勝」と呼ばれる自然洞穴の1つ。洞穴の向こうに見える水平線が、鏡に映った別の景色のように見えることが名の由来

きのこの森

おおい町の特産品「きのこ」の知識が学べる博物館や子供向けの遊具が、雄大な自然に囲まれた敷地の中に広がるミニテーマパーク。月曜・年末年始休

おおい町暦会館

陰陽師・安倍晴明の子孫にあたる土御門家がこの地（名田庄）で天文暦学の道場を開いたことにちなんで開館。校倉造の木造平屋の中には、古暦や陰陽道に関する貴重な資料が展示されている。水曜・年末年始休

大野ダム

由良川の上流に位置する高さ61.4mの重力式コンクリートダム。約1,000本の桜や約500本の紅葉に彩られるダム湖は「虹の湖」と称され、季節ごとの自然を楽しもうと多くの人が訪れる

美山かやぶき美術館・郷土資料館

築150年の茅葺民家を再活用し、自然光を生かした美術展示で独特の趣を醸し出す。2階屋根裏も展示スペースとして開放し、屋根の仕組み（小屋組み）を鑑賞できる。郷土資料館も隣接。月曜休、12〜3月休館

0　10km
…西の鯖街道（高浜漁港〜京都）

舟屋内部から見た伊根湾。1階では道具の手入れなども行う

◎交通…京都丹後鉄道宮豊線「天橋立駅」または「宮津駅」から丹後海陸交通バスで約1時間、「伊根」下車すぐ

漁村

京都府 伊根町（いねちょう）

伊根浦（いねうら）

無二の景観を成す 穏やかな湾に 浮かぶ舟屋（ふなや）群

丹後半島の北東部に位置し、波の穏やかな伊根湾に面する漁港町。この湾を取り囲むように立ち並ぶのが約230軒に及ぶ舟屋群だ。江戸中期から存在し、明治から昭和初期にかけて1階がガレージ、2階が居室という現在のスタイルになった。切妻造妻入（きりづまづくりつまいり）で、1階には舟を出し入れする石敷の斜路がある。水際に立つので、まるで海に浮いているかのように見えるのが特徴だ。背後に迫った山の緑と海の青に挟まれて舟屋がひしめく景観は伊根浦ならでは。

舟屋内部から見た伊根湾。1階では道具の手入れなども行う

室町時代から開かれ ちりめん街道に沿って 栄えた絹織物の町

加悦は室町時代にはすでに絹織物を京都の寺院に納めていた織物の町だ。天正8年（1580）ごろに城下町として整備されたこともあり、今もその面影が残る。町はちりめん街道と呼ばれる道に沿って製織業に携わった建物が並ぶ。旧尾藤家住宅をはじめ、本2階建もしくは中2階建の、桟瓦葺で切妻造平入のものが多く見られる。昭和2年（1927）の丹後震災からの復興のシンボルとして建てられた旧加悦町役場庁舎など、洋風建築も点在する。

丹後では加悦だけで見られる機屋窓（はたやまど）（※1）。下村家住宅に現存

※1：格子付きの中敷居窓。採光性を保ちつつ往来からの視線を防ぐことができる。製織業を営む家屋でよく採用された

製織町

京都府 与謝野町（よさのちょう）

加悦（かや）

ちりめん街道は丹後と京都市街を結ぶ重要な道。街道筋は豪商の町家、役場、郵便局などが並び、町の中心地でもあった

◎交通…京都丹後鉄道宮豊線「与謝野駅」から丹後海陸交通バスで約20分、「ちりめん街道」下車すぐ

門前町　里坊群

滋賀県 大津市
坂本

琵琶湖と比叡山の間に栄えた門前町で美しい石垣をもつ里坊が特徴

比叡山の東麓にある坂本は、延暦寺と日吉大社の門前町として栄えた。伝建地区の中心を東西に走る大通り「日吉馬場」の両側には、今も延暦寺の隠居僧侶が住む里坊が並ぶ。50を超す里坊が残る現在の町並みは、織田信長の焼き討ち以降のもの。里坊の大半は主屋が入母屋造の桟瓦葺で平屋。天然の大小の石をほぼ加工なしで高く組み上げ、その上に白壁や竹垣などを配した穴太衆積による石垣をもつ。この端正な石垣が長く続く景観は圧巻だ。

滋賀門院跡の穴太衆積はひときわ高く見事

◎交通…京阪電鉄石山坂本線「坂本比叡山口駅」から徒歩約3分

商家町

滋賀県 彦根市
河原町芹町

琵琶湖東岸で商家町の風情を今に残す彦根城下の町人地

彦根の城下町の南東端にある商家町。1600年代前半に城下町の整備と共に芹川の流れを付け替えて町割された。芹川に平行する道筋の約780mにわたり、江戸～昭和の戦前にかけ建てられた町家が並ぶ。中でも敷地は短冊形、切妻造で虫籠窓をもつ中2階建の町家が多く見られ、隣家との境に袖うだつ（防火壁）を設けたものもある。不整形な敷地に合わせて建てた町家や表を洋風に改造した町家などが町並みのアクセントになっている。

中2階に虫籠窓と袖うだつをもつ町家

◎交通…JR東海道本線・近江鉄道本線「彦根駅」から徒歩約15分

農村集落

滋賀県 東近江市
五個荘金堂

条里制の水田が広がる地に近江商人の大規模な屋敷と農家住宅が混在する

条里制（※2）に基づいた水田の広がる湖東平野に位置する。江戸時代に入って現在の姿の土台ができ、大和郡山藩の金堂陣屋を取り囲むように寺院、商人の屋敷、農村集落が配された。いわゆる近江商人（※3）の1つである五個荘商人の出身地で、伝建地区の中心部には舟板塀や白壁で囲んだ500～2000㎡に及ぶ広大な敷地をもつ商人屋敷が残る。掘割を縦横に巡らせ、水路から生活用水を屋敷内に引き込んでいるのも特徴だ。

琵琶湖を往来した船の船板を腰壁に用いた商人屋敷

◎交通…JR琵琶湖線「能登川駅」から近江鉄道バスで約20分、「金堂」下車すぐ

※2：古代の土地区画制度。土地を約654m間隔で碁盤の目に区切り、東西の列を条、南北の列を里とした
※3：近江を本宅・本店として日本全国へ行商した商人の総称

商家町

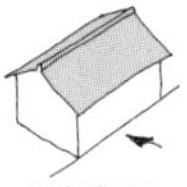

滋賀県 近江八幡市（おうみはちまんし）

近江八幡

近江商人の繁栄を今に伝える町並み

琵琶湖からの水を引く八幡堀（はちまんぼり）は石垣が美しい町のシンボル的存在。見越しの松が見られる商人たちの残した町家や土蔵（どぞう）が並ぶ通りも必見。

天正13年（1585）、豊臣秀吉の甥・秀次が八幡山城（はちまんやまじょう）を築いたのが近江八幡の町の始まりだ。当初は城下町として、後に商人の町として発展を遂げてきた歴史をもつ。

築城時に掘削された八幡堀は、城を守る役割の他、琵琶湖につながる運河としても活用された。秀次は琵琶湖を往来する船を八幡の町まで立ち寄らせることで商業の活性化を図った。緑に覆われた石垣と静かな水面が目を引く堀の脇には土蔵が立ち並び、落ち着いた雰囲気が漂う。

碁盤の目状に開発された町割は現在もほぼそのままだ。八幡堀に向か

新町通りには旧西川家住宅をはじめ、この地区きっての大きな商家が並ぶ。腰板張（こしいたばり）の塀の奥にある見越しの松が、古い町並みの美しさを引き立てる

八幡堀の両脇には白壁の土蔵や町家が並ぶ。遊覧船に乗って眺めを楽しむことも可能だ

旧西川家住宅は、切妻屋根に桟瓦葺、平入の中2階建の建築。現在は市立資料館の1つとして公開されている

大正期に建てられた旧八幡郵便局をはじめ、この地を深く愛したW・M・ヴォーリズによる洋風建築も多く残る

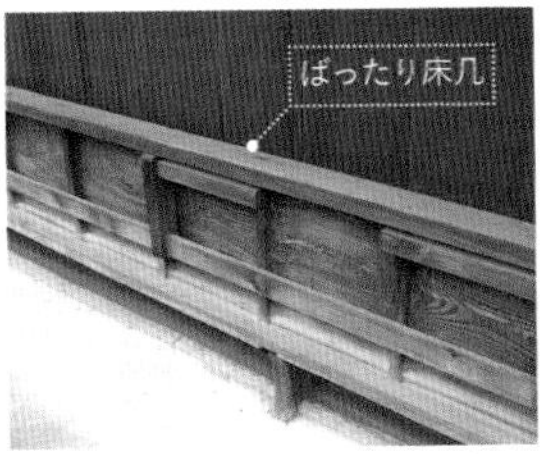

町家の板壁にある「ばったり床几」は可動の陳列棚。手前に倒して商品を並べる他、夕涼みにも活用された

って南北に通じる道のうち、新町通りと永原町通りが伝建地区の選定を受けている。新町通りでは、主に江戸中期～明治にかけて建てられた大きな商家が並ぶ。長く続く土塀に沿って歩けば敷地の広さが実感でき、塀に迫るように立つ豪邸に当時の隆盛がうかがえる。永原町通りでは、大小さまざまな町家や土蔵が比較的混在している。家屋の格子戸の茶と、塀の白壁とのコントラストが美しい。これらの商家の多くは切妻屋根に桟瓦葺、平入の中2階建。さらに軒下の壁に貫を見せるというこの地区の建築特徴を備え、塀からのぞく「見越しの松」の緑が景観を引き立てる。

秀次は築城後5年で移封となり、八幡山城も石垣を残すのみ。だが、楽市楽座など商業活性化の施策が元になって発展した商家町は、今もしっかりとその姿を残している。

◎交通…JR東海道本線もしくは近江鉄道八日市線「近江八幡駅」から近江鉄道バスで約6分、「大杉町八幡山ロープウェイ口」下車すぐ
◎公開施設…旧西川家住宅、旧伴家住宅

関西

②

大阪・兵庫・奈良・和歌山

間口が広く重厚な造りの商家町が現在もその姿を伝えているのがこの地域。篠山や出石など兵庫県の伝建地区では城下町が、また和歌山県湯浅では珍しい醸造町も残る。

p.114

橿原市 今井町

◉寺内町・在郷町

東西6本・南北9本の街路で整然と区画された地区に並ぶ町家の数は、江戸時代の重厚な商家建築を中心に約500軒。環濠など自治都市の名残もある。

p.113

奈良市 奈良町

◉門前町・商家町

間口いっぱいに建てられた町家が狭い路地に連なる。虫籠窓や格子など細部の意匠は家ごとに個性があり、繊細な情緒をもたらしている。

p.115

宇陀市 松山

◉商家町

南北に走る松山通り沿いを中心に、吉野葛や薬の販売で栄えた商家の町並みが残る。家の前を流れる水路のせせらぎが心地良い。

p.114

五條市 五條新町

◉商家町

東西約1kmの旧街道沿いに細長く続く町づくりが行われた。江戸期から昭和初期の建築様式を示す家屋が町の変遷を物語る。

p.106

富田林市 富田林

◉寺内町・在郷町

「日本の道百選」に選定された城之門筋を中心に、旧家の白壁と石畳が続く町並み。財を成した商家の大規模な町家が目を引く。

p.115

湯浅町 湯浅

◉醸造町

醤油醸造関係の町家や土蔵が多く現存。商品を積み降ろした大仙堀沿いに醤油蔵が立ち並ぶ景観に醤油発祥の地の風格が漂う。

p.113

豊岡市 城崎温泉

◉温泉町

柳並木が続く大谿川沿いを中心に、歴史のある旅館が立ち並ぶ。7つの外湯を巡りながら、温泉情緒あふれる景観を眺めたい。

p.107

丹波篠山市 篠山

◉城下町

城跡の周囲に武家屋敷が立つ旧武家地と、妻入商家が連なる旧商人地。いずれも特徴的な町並みをもつ、見ごたえのある城下町だ。

p.112

養父市大屋町 大杉

◉山村・養蚕集落

2階と3階を蚕室とする木造3階建の農家主屋が特徴的な山村集落。石段の洗い場「アライト」も景観を特徴づけている。

p.112

たつの市 龍野

◉商家町・醸造町

町人地に築かれた大壁造の商家建築と、醤油醸造に関わる重厚な土蔵が情緒豊かな町並みを織りなす「播磨の小京都」だ。

p.107

丹波篠山市 福住

◉宿場町・農村集落

東西に走る街道に沿って宿場町と農村集落が隣接。緑豊かな自然に囲まれ、篠山城下町とは違ったのどかな雰囲気を満喫したい。

p.106

神戸市 北野町山本通

◉港町

神戸港を見下ろす高台や坂道沿いの広い敷地に、異人館と呼ばれる洋風建築が立つ。1軒ずつ異なるハイカラな意匠を見比べたい。

p.108

豊岡市 出石

◉城下町

碁盤の目状の町割に、重厚な造りの武家屋敷や生糸豪商の町家が残り、城下町らしい雰囲気が色濃く漂っている。

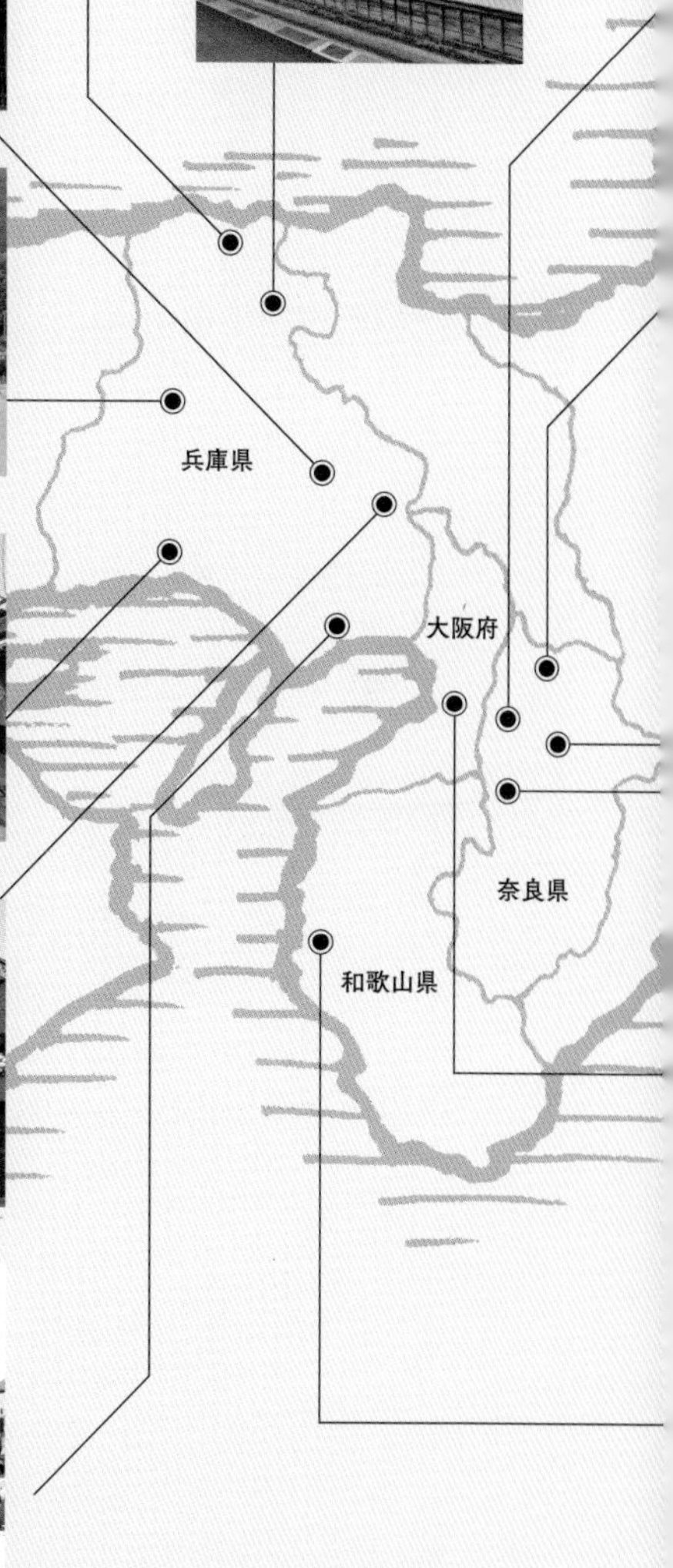

中心部を南北に通る城之門筋。町の一角には、防御のため道路を筋違いにして見通しを悪くした「あてまげの道」も残る

◎交通…近鉄長野線「富田林駅」から徒歩約10分

寺内町 在郷町

大阪府 富田林市

富田林

六筋七町の町割に重厚な白壁の建物が並ぶ寺を中心とした自治集落

永禄3年（1560）ごろに興正寺別院を中心に集落が形成され、江戸時代には商取引の中心として発展。碁盤の目状の町割は当時のままで、大規模な造り酒屋を営んでいた旧杉山家住宅など、さまざまな業種の旧家が残り重厚な町並みを形づくっている。建物は江戸中期から昭和初期まで異なる時代のもので、南葛原家住宅の3階蔵をはじめ蔵の造形も多様。白壁や板塀の色味が町並みに統一感を与え、寺内町の風格と在郷町の活気を今に伝えている。

17世紀半ば築の旧杉山家住宅（国重文）。4連の大屋根が壮観

異国情緒を醸し出す海が見える高台に立つハイカラな異人館街

慶応3年（1867）の神戸開港に伴い外国人居留地が設けられ、六甲山麓の南斜面に外国人住宅地として洋風建造物を建築。重要文化財の旧トーマス住宅（風見鶏の館）など現存する33棟が伝統的建造物に認定されている。洋館の多くはベランダやベイ・ウィンドウ（洋風出窓）を配し、色鮮やかな下見板張の外壁や水平ラインを強調した軒と胴の蛇腹など、異なる意匠で町並みに変化を加える。明治末から大正期に建てられた和風建築も見られる。

典型的なコロニアル様式（※）の旧シャープ住宅

※：欧米の植民地で普及した建築様式。建物正面のポーチ、大きな窓やベランダが特徴的

港町

兵庫県 神戸市

北野町山本通

港から離れた高台に洋館が並ぶ。写真右は旧トーマス住宅

◎交通…JR山陽本線「三宮駅」から徒歩約15分

御徒士町通り沿いに残る茅葺入母屋造の武家屋敷。屋敷地が土塀で囲まれ、棟門を配している

◎交通…JR福知山線「篠山口駅」からウイング神姫で約15分、「二階町」下車徒歩約5分

城下町

兵庫県 丹波篠山市

篠山

武家町の落ち着きと商家町のにぎわいを併せもつ城下町

古くから京都と山陰・山陽を結ぶ交通の要衝で、慶長14年（1609）に篠山城を築城。城の周囲に武士の屋敷地、京街道沿いに町人地が配された。旧武家地の御徒士町通りには、間口8間・奥行25間という江戸時代の敷地割をよく残した茅葺屋根の武家屋敷が続く。小林家長屋門など上級武士の家構えも見られる。一方、旧町人地の河原町では東西約700mの通り沿いに商家や土蔵が並び、家屋は平均3間の間口で建てられた切妻造妻入がひしめきあう。

奥行の深い妻入商家がびっしりと並ぶ河原町

活況を呈した宿場町と素朴な農村集落が街道に沿って隣り合う

篠山から京都に向かう西京街道に位置し、旅籠や商家が軒を連ねる宿場町として発展した福住。かつては本陣・脇本陣が置かれ、今も街道沿いに瓦葺妻入の商家が立ち並ぶ。間口は平均5間半～6間で、篠山城下町と比べると広い。さらに茅葺（鉄板覆）と瓦葺の民家が混在した農村集落が続く。集落に平行して流れる籾井川の水害対策として、土蔵は石積の上に立っている。宿場町と農村集落が1本の街道に連なる、全国でも珍しい町並みだ。

石積の上に並ぶ土蔵が周囲の自然と調和している

宿場町 農村集落

兵庫県 丹波篠山市

福住

瓦葺中2階建の商家が立ち並び、江戸時代に宿場町として栄えた面影を残す

◎交通…JR山陰本線「園部」から京阪京都交通バスで約40分、「福住」下車徒歩すぐ

城下町

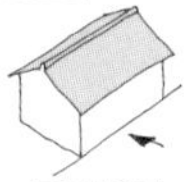

切妻造平入

兵庫県 豊岡市

出石（いずし）

但馬の小京都と呼ばれる碁盤の目の城下町

出石城跡と辰鼓楼（しんころう）がランドマーク。明治初期の大火を免れた武家屋敷や通りごとに特徴のある町家が今も城下町の雰囲気を残している。

屋内1階から3階を見上げたところ。出石の伝統的家屋では居間に相当する「ナカノマ」から通り土間にかけて吹き抜けで、3階に収納スペースをもつ

出石は『古事記』『日本書紀』にも名が登場するほど古い歴史があるが、現在に知られるような町並みとなったのは江戸時代だ。慶長9年（1604）頃、出石藩主の小出（こいで）吉英（よしふさ）が出石城を築いた際に整備され、城下町としての発展が始まった。

有子山（ありこやま）を南に背負った出石城から見て北側の、碁盤の目のごとく整えられている町並みが城下町だ。実は出石は明治9年（1876）に町の大半を焼き尽くす大火に見舞われるものの、力強い復興を遂げたという歴史をもつ。

明治の大火後に建てられた、生糸豪商の旧邸を利用した出石史料館。出石に一般的な切妻2階建平入の建物だ

繊細な格子が美しい本2階の家屋（写真右）。屋根や庇の下には腕木が、2階の妻側にはうだつが見られる

近年修理が行われた材木地区の町並み。通りに面して敷地の間口いっぱいに立つ家屋は、土壁に弁柄塗の格子が特徴的

地元でも親しまれている辰鼓楼。時計台としては日本最古ともされる。右奥には出石城跡が見える

そのため伝建地区内には火の手を免れた屋敷とその後に新しく建てられた町家があり、それらが一体となって歴史的な景観をつくり出している。江戸時代の道路とその幅、地割、町名などがよく残っているのも、城下町の雰囲気が色濃く感じられる要因の1つといえよう。

地区内には特定の業種が集まっていた町が点在する。料理店が多かった「宵田」、産物会所があり生糸の売買が行われた「田結庄」、材木店が集まっていた「材木」などがそうだ。

また、「内町」は藩主や最上級藩士の住宅地で、出石家老屋敷では当時の生活の様子を伺うことができる。いずれの町も建築や雰囲気がそれぞれ異なり興味深い。短冊形の敷地には中2階建もしくは本2階建の町家が通りに面して建てられ、中にはうだつをもつ家屋もある。

◎交通…JR山陰本線「豊岡駅」「江原駅」「八鹿駅」各駅から全但バスで約30分、「出石」下車徒歩約5分

◎公開施設…出石家老屋敷、出石史料館、出石明治館、出石永楽館

【寄り道ガイドマップ】

出石

出石の城下町は見どころが密集し、徒歩で観光することが十分可能だ。出石城跡や家老屋敷など中心部の主要な名所なら2時間ほどで見て回ることができる。

桂小五郎潜居跡

蛤御門の変の後、朝敵となった桂小五郎（木戸孝允）は京都から出石へ逃れてきた。その際潜居したという荒物店跡に立つ記念碑。他にも5カ所の潜居跡に小さな石碑が立つ

出石史料館

生糸豪商の旧本宅を利用した史料館。出石藩の史料などを展示し、一般に公開されている。基礎の石だけでも家が1軒建つといわれたほど豪華な数寄屋風建築は見もの。火曜・年末年始休

宗鏡寺(すきょうじ)

元和2年（1616）に沢庵(たくあん)和尚によって再興されたため、沢庵寺の通称をもつ。代々の出石城主の菩提寺。沢庵作の「鶴亀の庭」や「心字の池」などの庭園、またお手植えとされる「コチョウワビスケ」が残る

出石酒造

宝永5年（1708）創業の酒蔵。地元の赤土を用いた土壁のたたずまいが印象的な雰囲気で、町のシンボルの1つだ。地酒「楽々鶴」を販売している。試飲も可

出石明治館

明治20年（1887）に郡の役所として建てられた、貴重な木造擬洋風建築。天気予報の創始者である桜井勉など出石出身の偉人展が常設展示。出石磁器トリエンナーレ入賞作品なども見ることができる。月曜・年末年始休

いずし観光センター

豊岡市役所出石振興局の向かいにある、出石観光の拠点。観光案内はもちろん、名産品の販売もあり出石土産はここでそろえられる。カフェコーナーもあるので休憩しながらの情報収集にぴったりだ

辰鼓楼(しんころう)

明治4年（1871）に出石城旧三の丸の大手門脇の櫓台に建設。太鼓で時（辰の刻）を告げたため「辰鼓楼」の名がある。明治14年（1881）に藩医の池口忠恕(ちゅうじょ)が時計を寄贈してからは時計台として人々から親しまれている

見性寺（けんしょうじ）

街道の入口に配置され砦としての役目をもつ寺院の1つ。高櫓をもち、出石川からの侵入者を見張っていた

出石永楽館

明治34年（1901）に開館した近畿地方で現存する最古の芝居小屋。歌舞伎や活動写真などで但馬地方の大衆文化を支えた。いったん閉鎖されたが平成20年（2008）に大改修し、興行のない日は廻り舞台や奈落（ならく）なども見学できる。木曜休

おりゅう灯籠

旧出石川（谷山川）の大橋東詰にあった船着場の灯籠

豊岡市立美術館 伊藤清永記念館

出石出身で、豊麗優美な裸婦像で特によく知られる洋画家・伊藤清永の絵画作品や、愛用の画材などを数多く展示する。出石の町並みに合わせて数寄屋風の外観となっている。水曜・年末年始休

出石家老屋敷

どっしりした土塀と長屋門をもち、江戸後期の上級武士の居宅として使われた。平屋に見えるが、隠し階段が仕込まれており2階がある。大名行列の諸道具などを公開

出石びっ蔵

6つの屋根が連なった蔵造風の建物に、籐や竹製品、鞄など豊岡や出石の名産品が購入できる店舗がそろう。出石城の登城門の正面にあり、観光中に立ち寄るのに便利だ

出石城跡

慶長9年（1604）に小出吉英によって築城された平山城（ひらやまじろ）。明治元年（1868）にすべての建物が解体されたが、現在では東西の隅櫓（すみやぐら）と登城門などが復元されている

大杉地区に残る主屋27棟のうち、12棟が3階建の住宅で、養蚕業の最盛期の姿をよくとどめている

◎交通…JR山陰本線「八鹿駅」から全但バス明延線で約40分、「大屋」下車徒歩約10分

山村集落 養蚕集落

兵庫県 養父市大屋町

大杉

谷川に沿って3階建の養蚕住宅が連なる農村景観

兵庫県の最高峰・氷ノ山を源とする大屋川の流域にある山村集落。大屋町は兵庫県内でも特に養蚕が盛んだった地域で、全国的には数少ない3階建の養蚕住宅が多く建てられた。主屋は抜気と呼ばれる換気装置をはじめ、柱が見えない大壁造の外壁（2・3階）、大きな掃き出し窓を採用している点などが共通した特徴だ。大杉地区には、築100年以上の3階建養蚕住宅を改修した宿泊施設やギャラリーがあり、かつての暮らしに触れることができる。

古民家を利用した美術館「分散ギャラリー養蚕農家」

淡口醤油発祥の地として揖保川沿いに発展した龍野城下の商家町

寛文12年（1672）、脇坂安政によって整備された城下町の面影を残す「播磨の小京都」龍野。そのうち伝建地区には旧町人地が多く含まれ、江戸時代から昭和初期にかけての多彩な町家建築が現存している。また、この地は現代に至るまで醤油醸造の一大産地であり、長大な土蔵造の建物など、醸造に関わる伝統的建造物も多い。昭和初期に醤油会社の本社社屋として建てられた赤レンガ風建築を利用した「うすくち龍野醤油資料館」も伝建地区内にある。

醤油蔵と寺院が両側に連なる浦川沿いの町並み

商家町 醸造町

兵庫県 たつの市

龍野

本瓦葺の屋根と塗籠の2階部分が特徴的な上川原地区の町並み。近年では古民家を再利用したカフェなどのお店も

◎交通…JR姫新線「本竜野駅」から徒歩約15分

温泉街の中心を流れる大谿川の柳並木。地元の洞窟から切り出した岩を護岸に用いている

◎交通…JR山陰本線「城崎温泉駅」から徒歩約10分

温泉町

兵庫県 豊岡市

城崎温泉（きのさき）

柳並木の川沿いに木造3階建旅館が並ぶノスタルジックな古湯

平安時代から1400年の歴史をもつとされる城崎温泉。大正14年（1925）の震災で町が壊滅するも復興に取り組み、区画整理とともに中心を流れる大溪川（おおたにがわ）を拡張。玄武岩を積んで護岸をかさ上げし、弓型の太鼓橋を架けた。また、情趣を損なわぬよう川沿いの旅館は木造建築とし、外湯は和風の意匠を残した鉄筋コンクリート造に生まれ変わった。今も歴史のある建物が柳並木や背後の山々と調和して連なり、温泉街らしい趣を残している。

大谿川に架かる弓形橋群は昭和元年（1926）に建築。

繊細な意匠の町家が連なり古都の庶民の暮らしを今に伝える

平城京の区画を基盤とし、元興寺（がんごうじ）旧境内を中心に宗教都市から商業都市へと発展した地域が奈良町と呼ばれている。江戸時代以降の町家が狭い路地に沿って立ち並び、元禄年間の建築とされる藤岡家住宅などが国重要文化財に指定されている。一般的な町家は中2階建を中心とし、間口が狭くて奥行が深く、主屋の背後には中庭や離れが連なる。表構えは統一されておらず、格子や虫籠窓（むしこ）などの意匠が多様なデザインで施され、町並みに変化を加えている。

かつて花街としてにぎわった元林院（がんりんいんちょう）町

門前町 商家町

奈良県 奈良市

奈良町（ならまち）

元興寺が立つ中新屋町（なかのしんやちょう）と西新屋町（にしのしんやちょう）から南にかけて、古い町家が多く残る。多くは平入の建物で切妻造桟瓦葺

◎交通…JR奈良線・近鉄奈良線「奈良駅」から徒歩約15分

寺内町 在郷町

奈良県 橿原市

今井町

細い路地に町家の軒線が揃って並ぶ本町筋の町並み。建物は切妻造本瓦葺で平入。中2階は漆喰の塗籠で虫籠窓がある

◎交通…近鉄大阪線「大和八木駅」から徒歩約10分

自治的特権を認められ豊かな町を築いた南大和随一の商業都市

天文年間（1532?～'55）に称念寺を中心に開かれた今井町は、「海の堺、陸の今井」と称される有数の商業地へと発展。その繁栄を物語るように、白漆喰が目を引く優れた意匠の町家が碁盤の目状に密集し、豪商の河合家住宅など8軒が国重要文化財に指定されている。惣年寄筆頭を代々務めた今西家住宅は「八つ棟造」と呼ばれる城郭のように豪壮なたたずまい。遺構として残っている環濠や鉤の手状に曲げた道は、町の自衛のため設けられたものだ。

今西家住宅。手前にはかつて町を囲んだ環濠が復元されている

緩やかなカーブを描く東西に長い街道筋に漆喰塗の町家が連なる

古くから大和・紀伊・河内・伊勢を結ぶ交通の要衝として栄えた五條。慶長13年（1608）に松倉重政が大和二見藩の城下町として、東西に走る紀州街道沿いに新町を開き商業の振興を図った。紀州街道の一部だった新町通り沿いには、平屋建や中2階建など建築時代の異なる町家が混在し、防火のため2階は壁や軒裏まで漆喰で塗り固められている。中でも慶長12年（1607）の棟札を持つ栗山家住宅は、建築年代が分かる日本最古の民家だ。

国重要文化財の栗山家住宅。平屋に見えるが2階もある

商家町

奈良県 五條市

五條新町

大和二見藩主・松倉重政が興した五條新町。緩やかに曲がった道に沿った古い町並みは約1kmも続く

◎交通…JR和歌山線「五条駅」から徒歩約15分

商家町

奈良県 宇陀市
松山

切妻造平入の建物が並ぶ。2階は漆喰で塗り込められている。通りの前や敷地の裏側に水路が走り、独特の景観を形づくる

◎交通…近鉄大阪線「榛原駅」から奈良交通バスで約15分、「大宇陀」下車徒歩約5分

薬草の里に「宇陀千軒」と呼ばれる繁栄を築いた商家町

交通の要衝であった宇陀松山は城下町から商家町へと発展。さまざまな規模や造りの町家が混在しているが、松山通り沿いの町並みは整然とした印象を与え、前川と呼ばれる水路のせせらぎと調和した静かな趣を醸し出している。注目したいのは家々の意匠。唐破風（※）付きの看板を掲げる薬問屋の建物を利用した宇陀市歴史文化館「薬の館」をはじめ、虫籠窓や袖うだつ（防火壁）に細やかな工夫が凝らされ、商家町松山のにぎわいと個性を今に伝える。

腹の薬「天寿丸」の看板は豪華に唐破風付き

※：屋根の中央が曲線にせり上がった形状

醤油発祥の地として栄えた町の面影が大小の道沿いに残る

日本の醤油発祥の地として知られる湯浅には、かつて92軒もの醤油屋が軒を並べたにぎわいの面影が今も残る。大通り沿いには本瓦葺大壁造で間口の広い重厚な町家と土蔵が立ち並び、材料や商品の積み降ろしに使われた内港「大仙堀」では醤油蔵が連なる独特の景観が見られる。一方、町全体に張り巡らされた路地には、小規模な町家や長屋が並び、生活感のある空間が広がっている。雨水の吹き込みを防ぐため、庇の軒先に幕板を張った家もある。

北町通り沿いには商家や醤油蔵が多く残っている

醸造町

和歌山県 湯浅町
湯浅

今も営業を続ける老舗醤油店・角長の裏手に設けられた大仙堀。石積の堀の上に醤油蔵が立ち並ぶ

◎交通…JR紀勢本線「湯浅駅」から徒歩約15分

中国

城下町の町人地が商家町として残る地区の他、鉱山町や製塩町、温泉町など多様な町並みがそろう。江戸中期以降に石見地方で生産されている赤褐色の石州瓦を用いた集落も残る。

p.130 ◉農村集落

大山町 所子

大山北西麓の扇状地に広がる農村集落。美しい生垣や板塀で囲まれた家屋が通りに並ぶ。

p.129 ◉商家町

倉吉市 打吹玉川

打吹山の麓で城下町、陣屋町として栄えた。石州瓦を使った赤い屋根が町家の特徴。

p.130 ◉商家町

若桜町 若桜

1階正面に庇を設けた伝統的な町家が通りに沿って立ち並ぶ。

p.124 ◉商家町

津山市 城東

出雲街道沿いに発展した商家町。遠くまで庇のラインが続く景観が美しい。

p.125 ◉鉱山町

高梁市 吹屋

銅山で栄えた鉱山町で、弁柄を用いた格子と石州瓦の赤褐色が印象的な赤い町。

p.124 ◉寺町・商家町

津山市 城西

軒先が揃った商家町の町家群と、寺町の各宗派の寺院建築が今も残る。

p.118 ◉商家町

倉敷市 倉敷美観地区

海鼠壁の土蔵や豪壮な商家が並ぶ、倉敷川沿いの町並み。

p.125 ◉宿場町

矢掛町 矢掛宿

本陣と脇本陣の両方の建物が残る山陽道の宿場町。町家の個性的な鬼瓦にも注目。

p.126 ◉製塩町

竹原市 竹原

製塩などで繁栄した豪商の家屋や蔵が並ぶ。意匠の凝った竹原格子が見もの。

p.128 ◉港町

福山市 鞆町

江戸時代の港湾施設が現存し、港町の歴史と風情を今も感じさせる。

p.131 ◉港町・温泉町

大田市 温泉津（ゆのつ）

廻船（かいせん）問屋の屋敷や木造の温泉施設が並ぶ。夕刻、明かりのともった温泉街が美しい。

p.131 ◉鉱山町

大田（おおだ）市 大森銀山

世界遺産の石見銀山に隣接。赤い石州瓦がひしめき、鉱山町の雰囲気が色濃く残る。

p.132 ◉武家町・商家町

津和野（つわの）町 津和野

武家地と町人地が現存し、城下町の雰囲気を堪能できる。美しい水路も印象的。

p.135 ◉港町

萩市 浜崎（はまさき）

海運や水産加工で繁栄した港町。旧町人地には海鼠壁または竪板張とした白壁の土蔵が残る。

p.134 ◉武家町

萩市 堀内（ほりうち）

萩城の旧武家地。屋敷は大半が解体され畑となるが、長屋門や矢倉、土塀は現存。

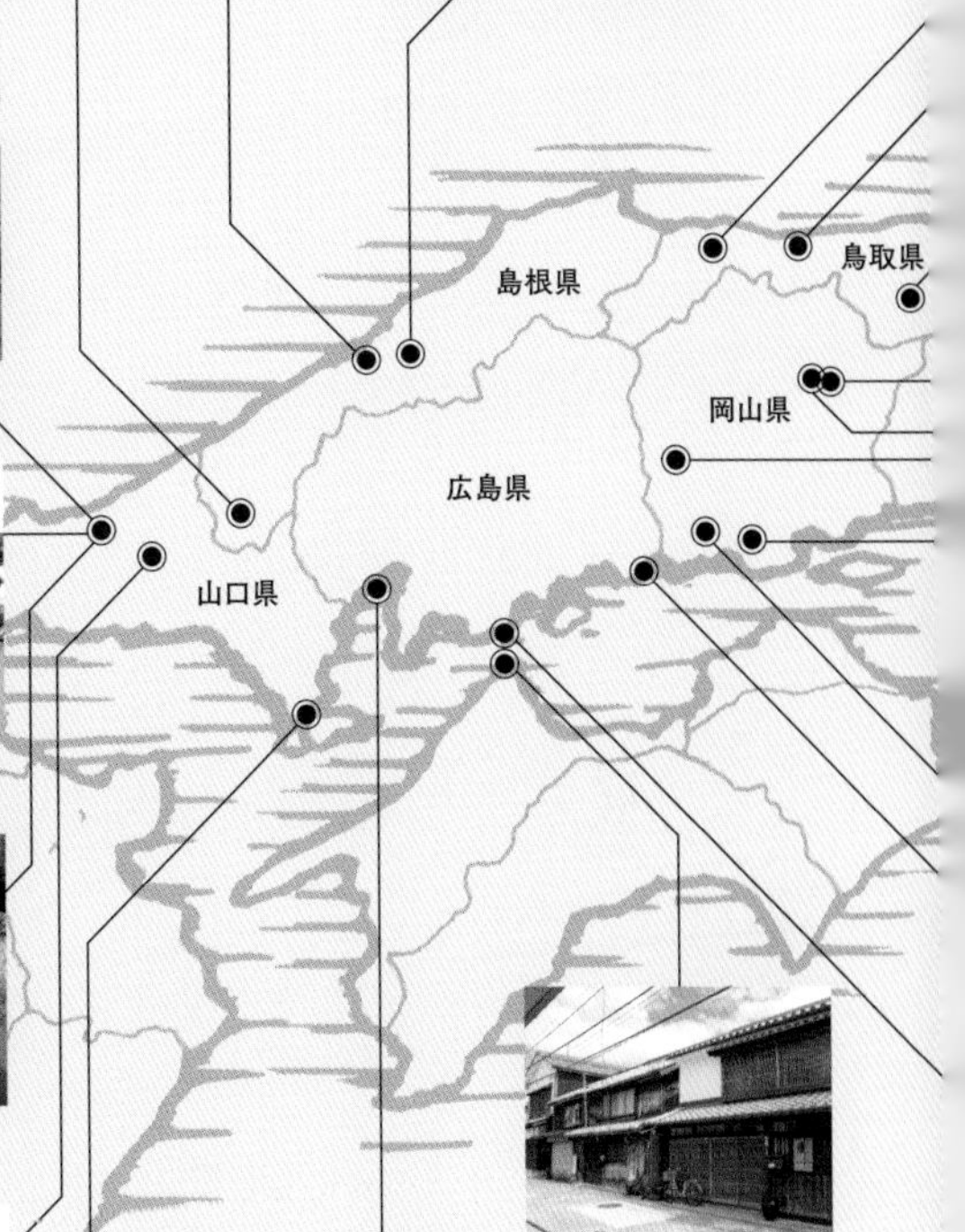

p.134 ◉武家町

萩市 平安古（ひやこ）

橋本川のほとりに武家屋敷が現存。クランクした道に沿って土塀が屈曲している。

p.135 ◉宿場町

萩市 佐々並市（ささなみいち）

下屋庇を付けた茅葺や瓦葺の家屋が並ぶ宿場町。美しい古道と山麓の棚田跡も見どころ。

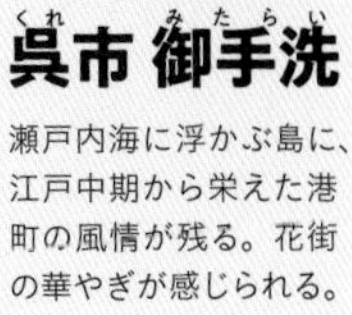

p.125 ◉港町

呉（くれ）市 御手洗（みたらい）

瀬戸内海に浮かぶ島に、江戸中期から栄えた港町の風情が残る。花街の華やぎが感じられる。

p.128 ◉門前町

廿日市（はつかいち）市 宮島町（みやじまちょう）

社家町の性格をもつ戦国期由来の西町と、江戸期に商業地として栄えた東町から成る。

p.133 ◉商家町

柳井（やない）市 古市金屋（ふるいちかなや）

本瓦葺で厚い漆喰塗の大壁造が採用された、重厚な商家建築が軒を連ねる町並み。

商家町

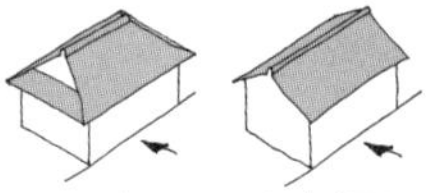

岡山県 倉敷市 倉敷美観地区

江戸情緒を伝える天領の町

運河として利用された倉敷川を中心に、江戸や上方の文化を受け継ぐ情緒豊かな商家町。伝建地区よりもやや広い範囲を市が「倉敷美観地区」として独自に選定・保存している。

倉敷は天正年間（1573～'92）に戦国武将・宇喜多秀家による干拓で開かれた。天領（江戸幕府の直轄領）に定められてから新田開発がさらに進み、備中地方の物資の集散地として繁栄するようになった。運河として利用された倉敷川の河港には多くの商人たちが集まり、海鼠壁（※1）にした白壁の土蔵と塗屋造（※2）の商家が立ち並んだ。明治時代には紡績業で新たな繁栄を迎え、運河の役割を終えた倉敷川のほとりには柳が植えられ現在の景観が形づくられた。早くから町並み保存の意識

POINT

倉敷窓と倉敷格子

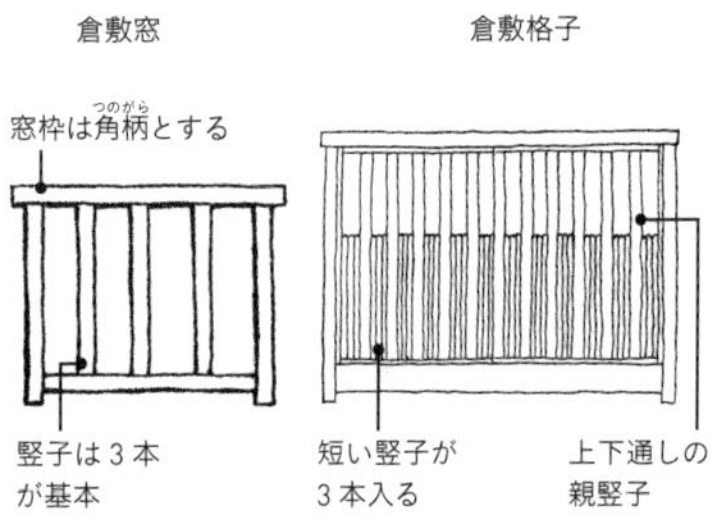

※1：壁に瓦を張り、目地を漆喰で海鼠状に盛り上げたもの　※2階正面の外壁と軒裏まで土壁塗り漆喰仕上げとした防火建築

美観地区を象徴する倉敷川畔の景観。商人たちの豪壮な屋敷や蔵が並び立ち、ほとりの柳並木がいっそう情緒を増す

が高かった倉敷では、倉敷川畔（かはん）・本町（ほんまち）・東町（ひがしまち）などの歴史的町並みを、伝建制度が発足する前の昭和44年（1969）には「倉敷美観地区」として独自に選定している（美観地区の一部は伝建地区の対象外）。

伝建地区の中心にある倉敷川畔には、商都のにぎわいを感じさせる伝統的な建造物が並ぶ。中でも、大地主として町の発展に貢献し、町並み保存を最初に提唱した大原家の旧住宅や旧別邸である有隣荘（ゆうりんそう）がひときわ目を引く。一方、大正6年（1917）に建てられた町役場を再利用した倉敷館（観光案内所）や、日本初の私立西洋美術館である大原美術館など、近代の擬洋風・洋風建築も調和し、歴史とモダンが融合した独特の町並みとなっている。その他、荷物の揚げ降ろしに使われた雁木（がんぎ）（階段状の船着場）が川岸の石垣に一部残り、荷揚場から倉敷紡績所（現・倉敷アイビースクエア）までを結ぶ石畳の小道など、河港の名残が随所に見られる。

鶴形山（つるがたやま）の南麓を東西に走る本町通

倉敷川を利用した物資の流通が盛んになると、倉敷と早島を結ぶ街道に沿って商人や職人たちの家が立ち並んでいった。街道筋の本町・東町には、中2階建塗屋造を中心に倉敷の一般的な町家が軒を連ねる。軒屋根看板や井戸跡などから昔ながらの生活がうかがえ、にぎやかな倉敷川畔とは違って庶民的な雰囲気の漂う町並みとなっている

主に正方形の瓦を外壁に張り、目地を白漆喰で海鼠状に盛り上げた海鼠壁。倉敷の土蔵などでよく見られる

伝建地区の外れに立つ大橋家住宅。通りに面して長屋門を構え、前庭の奥に中2階建の主屋を配置

18世紀初頭の建築とされる井上家住宅。中2階に見えるのは防火用に漆喰仕上げの片開き土戸を付けた倉敷窓

り（旧街道）沿いに位置する本町と東町は、倉敷川沿いよりも古くから町が形成され、職人たちが暮らした地域。倉敷に現存する最古の町家である井上家住宅をはじめ、倉敷窓と呼ばれる格子窓や虫籠窓を設けた建物が並ぶ。倉敷の町家は切妻造または入母屋造の中2階平入が一般的で、倉敷格子と呼ばれる親付切子格子を1階に設けているのも特徴的。本町と東町の界隈では今も約200世帯が生活し、大規模な商家が集まる倉敷川畔とは違った、人々の暮らしが息づく静かで落ち着いた雰囲気が漂っている。

眺望を損なわないよう周辺市街地の高層化を規制するなど、行政と住民によって守り続けられてきた倉敷の町並み。かつてロックフェラー三世ら欧米の著名人が訪れて称賛した歴史的風致は、天領の町に誇りを持つ人々による努力の賜物でもある。

◎交通…JR山陽本線または伯備線「倉敷駅」から徒歩約15分
◎公開施設…倉敷考古館、倉敷館、倉敷民藝館、大原美術館、大橋家住宅、井上家住宅、きび美ミュージアム、UKIYO-E KURASHIKI／国芳館

倉敷川沿いに立つ国登録有形文化財の倉敷館は美観地区のランドマーク的存在。木造の擬洋風建築で、下見板張の外壁は白ペンキ塗仕上げ。塔屋に設けられた2重の屋根が特徴的。目の前の石橋は「中橋」といい、橋の下を船が通りやすいようアーチ状に湾曲している

江戸中～後期に富を蓄えて社会的地位を確立した「新禄」の代表である大原家の旧住宅。寛政7年（1795）に主屋の建設が始まり、明治初期にほぼ現在の姿となった。角柄窓形式の枠に木地の竪子を3本または5本入れた倉敷窓、親竪子の間に短い竪子が3本入る倉敷格子、瓦張の壁など、倉敷の典型的な町家の意匠を備え国重要文化財に指定されている

【寄り道ガイドマップ】

倉敷市

天領の町の歴史と伝統を大切にしながら、昔からの建物を修復し公開施設や店舗として活用。駅から徒歩15分程度の倉敷美観地区に広がる名所は1日あればじっくり歩いて巡ることができる。

阿智（あち）神社

倉敷美観地区を見下ろす鶴形山の山頂に鎮座。創祀1,700年を超える古社で、日本最古の神社庭園がある。拝殿のしめ縄は、通常より太く3本の縄が使われていて圧巻だ。毎年5月上旬に鮮やかな花を咲かせる「阿知の藤」が有名

有隣荘（ゆうりんそう）

大原孫三郎が昭和3年（1928）に別邸として建設。緑色の屋根瓦は特殊な釉薬（ゆうやく）で独特の艶を出した特注品で「緑御殿」とも呼ばれる。通常は非公開だが毎年春と秋に邸内が特別公開され、優美な意匠を見ることができる

くらしき川舟流し

倉敷川を遊覧する観光川舟。地上とは違った眺めで、河畔の柳並木に白壁の土蔵と商家の町並みを堪能できる。3～11月は第2月曜休。12～2月は土日祝のみ運航

倉紡記念館

明治22年（1889）に建設されたクラボウ発祥となる旧倉敷本社工場の原綿倉庫を記念館に改装。写真・模型・文書・絵画などが年代順に展示され、国内の紡績産業とクラボウの歩みを知ることができる

倉敷アイビースクエア

倉敷紡績所の工場を改装し再開発した複合文化施設。蔦（つた）に覆われた赤レンガがトレードマークの施設内には、ホテル、レストラン、倉紡記念館などが集まっている

倉敷物語館

東大橋家住宅の主屋、土蔵、中庭を改修して一般に公開。江戸中期の建築とされる長屋門など当時の屋敷構えが再現されている。12月29日～1月3日休

大原美術館

日本で初めて西洋美術を中心とする私立美術館として昭和5年（1930）に設立。ギリシャ建築の神殿を模した本館では、フランス印象派の絵画や現代美術を常設展示。月曜休。冬期休館あり

新渓園（しんけいえん）

大原家の別荘として建設された和風建築物。敬倹堂（けいけんどう）や茶室などが一般開放され、茶会の名所にもなっている。12月29日～1月3日休

倉敷民藝館

江戸末期の米倉を改装した、倉敷で最初の古民家再利用施設。陶磁器、漆器、ガラス器など国内外の民芸品約1万5,000点を所蔵し、そのうち約700点を展示。月曜・12月29日～1月1日休

倉敷市立美術館

建築家・丹下（たんげ）健三の設計で昭和35年（1960）に建てられ、「現代の校倉造」と呼ばれた市庁舎を美術館として開館。池田遙邨（ようそん）ら郷土ゆかりの作家の作品を多数展示。月曜・12月28日～1月4日休

日本郷土玩具館

川沿いに立つ江戸時代の米蔵を改修し、全国各地の歴史的価値がある郷土玩具や人形・工芸品を約5,000点展示。内蔵を改装したギャラリーや玩具・和雑貨を扱うショップも併設。1月1日休

商家町

岡山県 津山市
城東（じょうとう）

出雲往来の左手に見えるのはこの地区出身の蘭学者、箕作阮甫（みつくりげんぽ）旧宅。右手の町家は2階が袖壁付きの腰海鼠（なまこ）壁

◎交通…JR津山線・姫新線「津山駅」からコミュニティーバスごんごバスで約10分、「西新町」徒歩約2分

出雲往来に面して1階の庇を長く連ね、間口いっぱいに立つ町家

慶長8年（1603）の津山城築城をきっかけに城下町が開かれ、城の東側の出雲往来沿いに商家町が発展。明治維新後も高瀬舟による物流で繁栄を維持し、400年前の商家建築や町割が今も東西約1.2kmにわたって残っている。地区内には中（ちゅう）2階建の平入町家（ひらいりまちや）が多く、出（で）格子（ごうし）の他、2階が漆喰塗腰海鼠（なまこ）壁で、両端に袖壁が付く建物も多い。隣家とほとんど隙間がなく、庇のラインが一直線に続いて見える端然とした景観も特徴的だ。

江戸時代の町家を復元して建てられた作州城東（さくしゅうじょうとう）屋敷

寺町　商家町

岡山県 津山市
城西（じょうさい）

城下町時代の寺町と近世・近代の商家町が今も変わらぬ情緒を残す

津山城下町の西側に位置し、東西に延びる出雲往来沿いおよび西寺町と小田中の一部を範囲とする城西。寺院集積地である西寺町には江戸期から昭和後期までの各時代・各宗派の建築様式による12の寺院が現存し、通りに沿って重厚な門と塀が連なる寺町らしい光景が見られる。一方、出雲往来沿いは商家町となっていて、短冊形の地割の間口いっぱいに切妻造平入（きりづまづくりひらいり）の2階建て主屋が立ち並ぶ。重厚な洋風建築の作州民芸館（旧土居銀行津山支店）も目を引く。

西寺町の愛染寺。櫓（やぐら）の付いた鐘楼門を構えている

西今町の町家は、昭和初期に道路空間を広げるため軒を切り、下屋の撤去と庇の新設が行われた

◎交通…JR津山線・姫新線「津山駅」から徒歩約15分

鉱山町

岡山県 高梁市
吹屋

旦那衆が築かせた石州瓦と弁柄の赤が美しい鉱山町

岡山県西部の山間に位置し、江戸時代以降に銅山と弁柄で繁栄した。街道沿いには約1.2㎞にわたり、主に江戸末期から明治初期にかけて建てられた町家や土蔵が並ぶ。当時の旦那衆（※1）が協力して、石見（島根県西部）から宮大工の棟梁を招いて町づくりを行ったため、非常に統一感がある町並みだ。建物の多くが石州瓦の2階建てで、正面には弁柄塗の格子をもつ。国重要文化財の旧片山家住宅もその1つで、内部が公開されているので細部まで味わえる。

石州瓦と地元名産の吹屋弁柄の赤銅色に染まる町並み。土壁にも弁柄を混ぜ込んである

◎交通…JR伯備線「備中高梁駅」から備北バスで約1時間、「吹屋」下車すぐ

※1：圧倒的な経済力をもつ豪商

宿場町

岡山県 矢掛町
矢掛宿

参勤交代の宿場として栄え大名たちが宿泊した本陣と脇本陣が揃って残る

山陽道の宿場町として江戸初期に設置された矢掛宿。参勤交代で江戸へ向かう西国の大名が本陣と脇本陣に宿泊し、水陸の交通拠点としても栄えた。街道沿いには江戸期から昭和初期までに築かれた漆喰塗籠の町家が多く残り、妻入と平入が混在する変化に富んだ町並みを形成している。区画は間口が狭くて奥に、主屋の裏側には蔵が設けられている。本陣と脇本陣が揃って国の重要文化財に指定されているのは、宿場町では矢掛宿が唯一だ。

旧矢掛本陣石井家住宅。約1000坪の屋敷地に本陣施設の御座敷など十数棟の建物がある

◎交通…井原鉄道井原線「矢掛駅」から徒歩約10分

港町

広島県 呉市
御手洗

瀬戸内海の島で花街としても栄えた風待ち・潮待ちの港町

芸予諸島の1つ、大崎下島には江戸中期から幕末にかけて栄えた、風待ち、潮待ちの港町がある。まるで迷路のように入り組んだ細い道沿いにびっしり並ぶ切妻造町家は妻入と平入が混在しているが、特に妻入の町家が多く並ぶエリア、船宿や千砂子波止（※2）などが残るエリアに港町の風情が色濃く残る。花街に4軒あった茶屋のうち、唯一現存する若胡子屋跡は、その豪華な建築で当時の繁栄ぶりをうかがわせる。昭和初期の洋風建築も点在している。

切妻造妻入で桟瓦葺の町家が並ぶ。瓦の銀と漆喰の白、格子の濃茶のコントラストが美しい

◎交通…広島呉道路呉ICからタクシー約1時間

※2：江戸後期に広島藩が千砂子浜に築いた巨大な防波堤

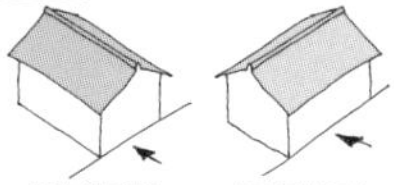

広島県 竹原市

竹原

優れた意匠の商家が並ぶ「安芸の小京都」

製塩や酒造で富を築いた豪商の家屋が並ぶ。町並みは妻入と平入が混在しさまざまな色漆喰、各家で異なる格子など人の目を飽きさせない。

平安時代に京都・下鴨神社の荘園として栄えた町、竹原。瀬戸内海に面するという地の利から、江戸時代以降は製塩で隆盛を極めることになる。同時に廻船業、酒造なども栄え、商人たちは豪華な屋敷を構えた。現在の市街地は、昭和35年（1960）の製塩業全面終了後に塩田跡地に成立したため、伝統的な建築群は開発の手を逃れ、今に姿を伝える。

伝建地区は浜旦那（塩田を経営した豪商）の代表格であった吉井家の住宅や漢学者・頼山陽の祖父が染物店を営んだ頼惟清旧宅をはじめ、商人

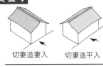

模様を彫り込んだ凝った意匠の横格子（写真）や、透かし彫りの羽目板格子を建物の正面に用いるのは竹原の特徴

灰色の漆喰壁に虫籠窓をもつ竹鶴酒造。破風の懸魚は、火除けのお守りから屋根の意匠の一種となった

塗り籠めた窓額付きの菱格子出窓が特徴的な松阪家住宅。起りのついた大屋根、本瓦葺の下屋などが豪華だ

2階のうぐいす色の漆喰壁と塗籠格子が印象的な明治期の町家。1階の端正な平格子と相まって独特の外観だ

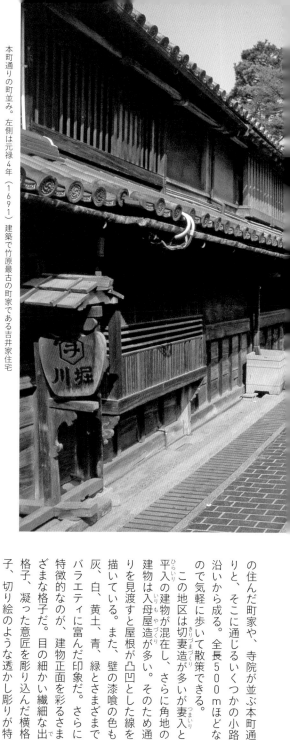

本町通りの町並み。左側は元禄4年（1691）建築で竹原最古の町家である吉井家住宅

の住んだ町家や、寺院が並ぶ本町通りと、そこに通じるいくつかの小路沿いから成る。全長500mほどなので気軽に歩いて散策できる。

この地区は切妻造が多いが妻入と平入の建物が混在し、さらに角地の建物は入母屋造が多い。そのため通りを見渡すと屋根が凸凹とした線を描いている。また、壁の漆喰の色も灰、白、黄土、青、緑とさまざまでバラエティに富んだ印象だ。さらに特徴的なのが、建物正面を彩るさまざまな格子だ。目の細かい繊細な出格子、凝った意匠を彫り込んだ横格子、切り絵のような透かし彫りが特徴の羽目板格子など、家ごとに個性のある格子は竹原格子と総称される。

「安芸の小京都」という別名をもつだけあって、竹原の経済力に裏打ちされた町家の数々（ほとんどが商家建築）は美しい。そこに酒蔵などが混ざり、奥行感が増している。

◎交通…JR呉線「竹原駅」より徒歩15分
◎公開施設…頼惟清旧宅、松阪家住宅、光本家住宅、竹原市歴史民俗資料館

港町

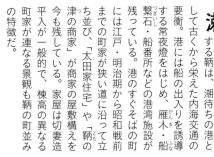

広島県 福山市 鞆町(ともちょう)

常夜燈や雁木など江戸期の港湾施設が、伝統的な町家や蔵が残る町並みと一体化し、独特な港町の情緒を感じさせる

◎交通…JR山陽本線「福山駅」から鞆鉄バスで約30分、「鞆の浦」または「鞆港」下車すぐ

港町の面影を今に伝える港湾施設と町家が独特の景観を形成する

瀬戸内海のほぼ中央に位置する鞆は、潮待ちの港として古くから栄えた内海交通の要衝。港には船の出入りを誘導する常夜燈をはじめ、雁木(がんき)・船繋石(ふなつぎいし)・船番所などの港湾施設が残っている。港のすぐそばの町には江戸・明治期から昭和戦前までの町家が狭い道に沿って立ち並び、「太田家住宅」や「鞆(とも)の津(つ)の商家」が商家の屋敷構えを今も残している。家屋は切妻造平入が一般的で、棟高の異なる町家が連なる景観も鞆の町並みの特徴だ。

広大な敷地に主屋や土蔵が建つ国重要文化財の太田家住宅

厳島神社の門前町として栄え、海を望む狭険地に寺社や町家が立ち並ぶ

広島湾に浮かぶ厳島神社の門前町として誕生し、海岸の狭険地に東町と西町で構成。西町は神職などの住居地や寺社が集まる社家町として成立し、東町は入り江の埋め立てを繰り返したことから主な通りが緩やかな弓状となっている。中世以来の寺社、石垣が築かれた屋敷地、江戸初期から昭和初期に建てられた町家が今も残り、宗教機能を集約した社家町としての西町、賑やかな湾岸商業街としての東町がお互いに補完し合った門前町を形成している。

西町の滝町通り沿いには石垣で区画された屋敷地が多く残る

門前町

広島県 廿日市市(はつかいちし) 宮島町(みやじまちょう)

東町の主な通りは浜と並行して緩やかな弓状を描き、庇や格子を構えた切妻平入の伝統的な町家が立ち並んでいる

◎交通…JR山陽本線「宮島口駅」から宮島旅客ターミナルへ進みフェリーで約10分、「宮島桟橋」下船徒歩約5分

玉川にかかる一枚岩の石橋と土蔵の並びはこの地区独特の景観

切妻造平入

鳥取県 倉吉市

打吹玉川（うつぶきたまがわ）

◎交通…JR山陰本線「倉吉駅」から日ノ丸バスもしくは日本交通バスで約12分、「赤瓦・白壁土蔵」下車徒歩約5分
◎公開施設…防災センターくら用心、旧国立第三銀行倉吉支店（白壁倶楽部）、豊田家住宅、倉吉淀屋

POINT

打吹玉川の町家の敷地断面図

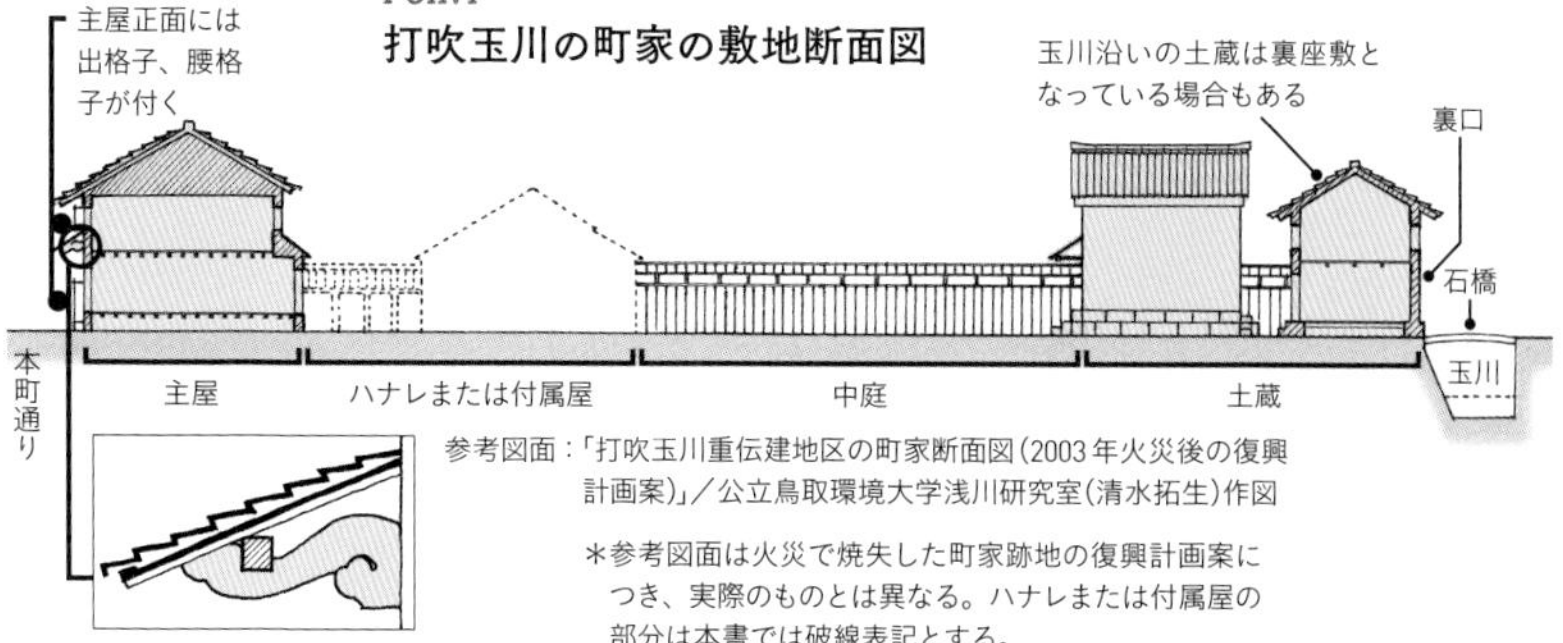

参考図面：「打吹玉川重伝建地区の町家断面図（2003年火災後の復興計画案）」／公立鳥取環境大学浅川研究室（清水拓生）作図

＊参考図面は火災で焼失した町家跡地の復興計画案につき、実際のものとは異なる。ハナレまたは付属屋の部分は本書では破線表記とする。

打吹山（うつぶきやま）の麓、玉川沿いに商家や白壁の土蔵がずらりと並ぶ

鳥取県のほぼ中央、打吹山の北麓に城下町として町の骨格が形成された。江戸時代には陣屋（※）が置かれて交通の要衝となり、商工業の町として発展。江戸末期〜明治時代にかけて玉川沿いに建てられた醸造用などの土蔵群は、石積基礎、焼杉張の腰壁、漆喰の白壁に赤い石州瓦が色の層を成す。裏口と裏座敷を備える土蔵もあり、裏口からは玉川を渡る一枚岩の橋（石橋）が架かる。

対して本町通りに面した主屋の建物は2階建の町家で、大半が明治時代以降の建築となる。土蔵と同じく石州瓦が用いられ、切妻造平入（きりづまづくりひらいり）が多い。また、1階正面の庇を支える腕木には海老のように湾曲した海老虹梁（えびこうりょう）型のものが見られる。桑田醤油醸造場の主屋をはじめ、長い通り土間や繊細な格子などをもつ純京都風の町家が残る。

※：ここでは江戸時代に旗本・郡代・代官などが支配地に置いた居館、役所を指す

農村集落

鳥取県 大山町
所子

板塀が続くシモの町並み。カミでは生垣で敷地を囲う家もある。通りに面する門は、長屋門のような大型のものも見られる

◎交通…JR土讃線「大歩危駅」から四国交通バス祖谷線08で約70分、「落合」下車徒歩約30分

「神さんの通り道」を境にカミとシモに分かれる伝統的農村景観

大山の北西麓に位置し、鎌倉時代には京都の下鴨社（現在の下鴨神社）領であった記録が残る農村集落。地区内は賀茂神社から北に延びる「神さんの通り道」と呼ばれる建物のない直線的な空間で二分される。古くからの家屋群をカミ、江戸中期より豪農の門脇家を中心に発展した家屋群をシモと呼ぶ。家屋はいずれも、主屋を道に平行して建て、周囲に切妻造桟瓦葺の蔵、納屋、厩などを配する。集落内に水路やツカイガワという洗い場が残るのも特徴だ。

茅葺屋根を唯一残す門脇家住宅。主屋の間口は11間（約20m）

城下町を起源とし大火から復興した若桜街道の商家町

17世紀初頭に廃城になった若桜鬼ヶ城の城下町の骨格を残しつつ、若桜街道沿いの宿場や物資の集積地として栄えた商家町。明治18年（1885）の大火をきっかけに、防火対策を盛り込んだ町並みが整えられた。本通り沿いには「カリヤ」と呼ばれる庇を付けた切妻造平入の町家が多く残り、敷地背面には土蔵が立ち並んでいる。本通りの主屋前には「カワ」と呼ばれる用水が流れ、伝統的な建物と一体となった風情を醸し出している。

裏町通りに面した敷地背面には白壁の土蔵が立ち並んでいる

商家町

鳥取県 若桜町
若桜

本通り（若桜街道）沿いの町並み。主屋の正面に付庇あるいは庇を長く伸ばしたカリヤが設けられているのが特徴的

◎交通…若桜鉄道「若桜駅」から徒歩約5分

港町 温泉町

島根県 大田市

温泉津

木造の旅館などが並ぶ温泉街。正面に見えるのは薬師湯旧館。大正時代の洋風木造建築で、現在はカフェとして営業

◎交通…JR山陰本線「温泉津駅」から大田市生活バスで約5分（特に停留所はなく希望の場所で下車可能。掲載の所要時間は中心地まで）

町家、土蔵、洋風住宅、木造の旅館などさまざまな建築が混在

16世紀後半から石見銀山の外港として隆盛。現在では物流拠点としての役割を鉄道に譲り、漁業と温泉の町となっている。温泉津川が海に流れ込む手前に開けた小さな平地に、延享4年（1747）の大火以降に建てられた、江戸後期から昭和初期までの建築が数多く残されている。町の西側では門塀をもつ廻船問屋の大きな屋敷や土蔵が、東側では温泉街の木造建築が多く見られる。その中に洋風の木造住宅などが混ざる、変化に富んだ町並みだ。

塗籠造の中2階建に虫籠窓をもつ内藤家屋敷

江戸期から明治大正期の石州瓦をのせた武家屋敷、町家、寺社が混在する

日本最大の銀山である石見銀山に隣接して発展した山間の鉱山町。伝建地区に選定されているエリアは銀山と共に世界遺産にも登録され、主に寛政12年（1800）の大火の後から明治大正期にかけて建てられた建築物が、狭い谷間を縫うように約1kmにわたって並んでいる。政治経済を司った旧大森町エリアには代官所跡や武家屋敷、採掘活動と共に盛衰した旧銀山町エリアには間歩（坑道跡）や精錬の遺跡が残り、鉱山町の雰囲気が色濃く漂う。

代官所跡に建てられた明治時代の建築物を資料館として公開

鉱山町

島根県 大田市

大森銀山

色鮮やかな石州瓦がひしめく。この瓦が200年以上、建物を守ってきた

◎交通…JR山陰本線「大田市駅」から石見交通バスで約26分、「大森代官所跡」下車徒歩すぐ

上級家臣の居住地だった殿町通り。左側が白壁腰海鼠の塀が印象的な多胡家の物見番所付き表門、右側が藩校・養老館の武道場。町割も大きい

武家町　商家町

島根県 津和野町

津和野

旧町人地の新丁通り。旧武家地と接する南端には土塀が、中ほどから北側にかけては明治以降に旅館や飲食店が営まれた建物が残る

旧武家地にある田中家店舗兼住宅。明治時代に商家として建てられた。現在は津和野の土産品を販売

◎交通…JR山口線「津和野駅」下車徒歩約3分
◎公開施設…津和野藩校養老館

水路のある町割に沿って商人の町家と武家屋敷がどっしりと構える

江戸初期に坂崎氏が津和野藩主となってから町割など本格的な整備が着手され、城下町として発展。明治に入って旧武家地はほとんど再開発されたが、旧町人地は町が開かれた当時の町割と水路、主に明治以降に建てられた町家建築が残る。

伝建地区は旧城下町の北部にあたる。地区の南西部が旧武家地で、再開発を免れた武家屋敷（多胡家）の表門や藩校の養老館が連なる殿町通りは壮観だ。続く本町通りから地区の北東部にかけては旧町人地となる。江戸から明治にかけて建てられた商家建築、また明治から昭和初期に建てられた町家建築が多く残り、いずれも石州瓦葺だ。

地区内は津和野川から水を引いた水路が通り沿いに走っている。歴史的建造物のすぐそばを鯉が泳ぐさまは津和野のシンボリックな眺めだ。

入母屋造が多いが切妻造の建物も入り混じる、本町通り沿いの町並み。1階の庇の高さがそろうことで直線が生まれ、町が整然と見える

商家町

入母屋造妻入

山口県 柳井市 古市金屋

POINT

大壁造とは

柱などの木部を露出させず、土壁で覆い漆喰を塗り込めた造り

柳井川の雁木（石積の階段）から荷揚げした商品を本町通りへ運んだ掛屋小路。中世に造られた石製の排水溝が道の脇に残る

◎交通…JR山陽本線「柳井駅」から徒歩約5分
◎公開施設…国森家住宅、しらかべ学遊館（歴史民俗資料館）

中世からの町割に約200ｍにわたって白壁の商家が並ぶ

瀬戸内海に面する柳井は海運の町。現在に残る町割は室町時代に成立したものとされる。中でも旧町の西半分にあたる古市と金屋はもっとも早くに開発されたエリアで、伝建地区に選定されている。

商品を積んだ大八車が行き来した本町通り、またそこから柳井川へ出る掛屋小路の両側に、本瓦葺の大壁造で袖壁を設けた重厚な町家が並ぶ。特に江戸後期の建築で豪商の家屋であった国森家住宅はその典型だ。1階の前面に蔀張（蔀戸）を備え、全開すれば店舗となる商家ならではの造りとなっている。

伝建地区の脇では、建築面積1500㎡を誇る日本有数の豪商の町家（※1）や明治40年（1907）建築の重厚な洋館（※2）も公開。「岩国藩のお納戸」として栄えた頃の雰囲気が残る。

※1：現在はむろやの園という商家博物館として公開されている
※2：現在は町並みふれあい館・町並み資料館・松島詩子記念館として公開されている

武家町

山口県 萩市

堀内

地区内の鍵曲の道。城下に侵入した敵を迷わせ、追い詰めるための工夫の1つでもあった。敷地内に夏みかんの果樹が見える

◎交通…JR山陰本線「玉江駅」から徒歩約15分

重厚な長屋門や土塀が夏みかん畑を囲う萩城三の丸の跡地

慶長9年（1604）築城の萩城三の丸の跡地が伝建地区となっている。江戸時代を通して役所や重臣の屋敷が並んだ武家地だったが、幕末に家屋や土蔵はほとんど解体され、収入を失った旧藩士によって夏みかんの栽培地として開墾された。敷地を囲っていた重厚な長屋門（※）や土塀は果樹の防風や農作業に役立つためそのまま転用。これらに、庭石などで築いた石積が加えられ、独特の景観が生まれた。町の防御に役立ったクランク状の鍵曲の道も特徴だ。

※：内部に家臣や使用人の居室がある大型の門

萩藩重臣の旧益田家には物見櫓（武器収納用の蔵）が残る

土塀と水辺の屋敷跡が自然の緑と一体になり美しい歴史的景観を成す

萩城下町の西側を流れる橋本川のほとりにある伝建地区。地区の中心を貫く道は見通しがきかない鍵曲（クランク状）となっており、通りの両側に続く土塀とその上から見える夏みかんの果樹と共に独特の町並みを構成している。堀内地区と同様にかつての武家屋敷の建物はほとんどが解体されて現存しない。しかし、川の水を引き込んで造られた広大な庭園跡や長屋門、土塀などはそのままで、周辺の自然と一体となって美しい景観を成している。

門塀のみならず、家屋や土蔵なども残る旧田中別邸

武家町

山口県 萩市

平安古

鍵曲の道。堀内とは異なる中塗仕上げの土塀越しに、夏みかんの木の緑とオレンジ色が見える景観が非常に個性的だ

◎交通…JR山陰本線「玉江駅」から萩循環まぁーるバスで約4分、「平安古南団地前」下車徒歩約7分

町家は切妻造平入で中2階建のものが多いが、本2階建、また角地には入母屋造も見られる。繊細な格子が美しい

◎交通…JR山陰本線「萩駅」から萩循環まぁーるバスで約9分、「御船倉入り口」下車徒歩約3分

港町

山口県 萩市

浜崎

海運と水産で栄えた にぎわいを今に伝える 萩城下の港町

萩市を流れる松本川河口の砂州に位置する港町。萩藩の海を治める拠点として、また萩の城下町の物流と水産業の拠点として発展した。町の地割は間口が狭く奥行が深い短冊形。地区を南北に貫く本町筋には水産や海運に関連する商家が並んだ。江戸時代から昭和初期にかけて建てられたものを中心に130棟以上の町家が残り、格子戸や蔀戸をもつものが多い。また、切妻造で腰壁を海鼠壁や竪板張にした土蔵も表通り沿いに見られる。

主屋と土蔵を2棟ずつ、さらに離れをもつ旧山村家住宅

赤瓦の商家と農家や 佐々並川水系の棚田跡が 残る萩往還沿いの宿場町

萩城主・毛利氏の参勤交代路として防府まで通された萩往還。佐々並市はこの街道沿いに形成された宿場町だ。江戸初期には大半の建物が茅葺だったが、徐々に石州瓦に葺き替えられ、現在では瓦葺が大部分となった。民家は住居部分の他に店舗と商品を保管する土蔵をもつ商家型と、農具や家畜のための納屋をもつ農家型の両方が残る。木立の中を通る萩往還の道、山麓沿いの棚田跡などが、美しい自然と共に当時の雰囲気をほのかに漂わせている。

萩往還沿いの山麓に残る棚田跡。戦後に稲の代わりにスギを植林

宿場町

山口県 萩市

佐々並市

佐々並川を挟んで南側にあたる市集落の景観。かつて旅館や商家が集まっていた地区で、鮮やかな石州瓦をのせた家屋が残る

◎交通…JR山口線「山口駅」から中国JRバスで約38分、「佐々並」下車徒歩約5分

四国

海に囲まれた四国はその立地からにぎわいを見せた町や今も当時の景観をとどめている町が多い。また、台風の通り道でもあることから厳しい自然環境に合わせた工夫が特徴となり美しい町並みを残している。

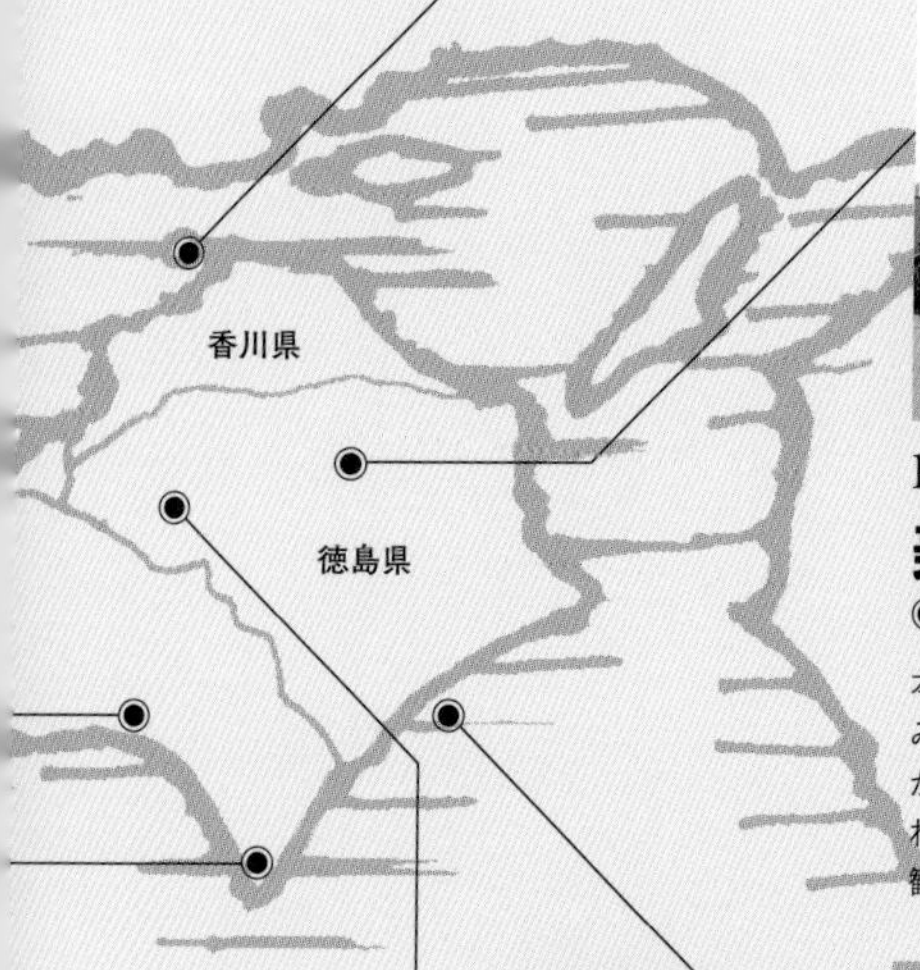

p.141

丸亀市塩飽本島 笠島

◉港町

水軍の拠点として栄えた防衛に優れた地に、漆喰塗の白壁などをもつ船方衆たちの重厚な町家が見られる。塩飽大工と呼ばれる名工たちの技は必見だ。

p.138

美馬市 脇町

◉商家町

本瓦葺、大壁造の重厚な構えの家並みが400mにわたって続く。商人たちが富を誇示した豪華なうだつが見られる、通称「うだつの町並み」は壮観の一言。

p.140

牟岐町 出羽島

◉漁村

江戸後期に形成された洋上の漁村集落に伝統的な民家が今も残る。上下に開く戸板が庇と縁側の役目を兼ねるミセ造が特徴的。

p.140

三好市 東祖谷落合

◉山村集落

山の斜面に点在する屋敷地や耕作地は、一つひとつ積み上げた石垣で築かれたもの。その上に家屋を建て畑を開いた景観は独特なものである。

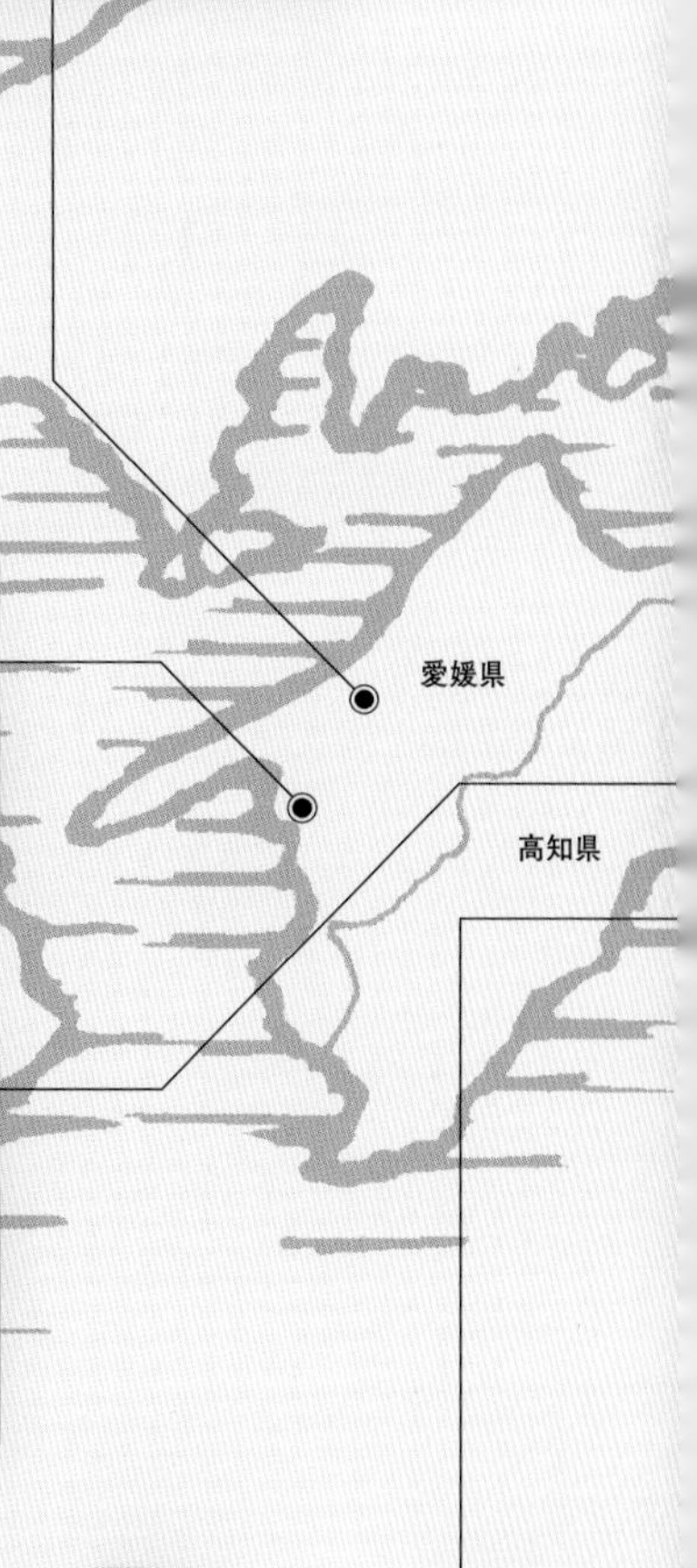

p.142

内子町 八日市護国

◉製蠟町

和蠟燭で栄えた面影が色濃く残る町並み。黄味を帯びた漆喰を使った外壁や懸魚の鏝絵など、デザイン性に富んだ意匠は見ごたえ満点。

p.141

西予市宇和町 卯之町

◉在郷町

重厚な白壁町家が並ぶ在郷町。和風建築をはじめアーチ窓の校舎や赤い屋根の教会などの洋風建築も見られ、多様な町並みを堪能できる。

p.145

安芸市 土居廓中

◉武家町

安芸城跡を中心とするのどかな武家町。生垣や塀で囲まれた武家屋敷が残り、江戸時代の風情を今も味わえる。町のシンボルとして愛される野良時計も必見。

p.145

室戸市 吉良川町

◉在郷町

「雨は横から降るもの」といわれるほど暴風雨の多い地域。家屋を守るために工夫された水切り瓦や石垣は、生活の知恵の産物だが機能美を感じさせる。

商家町

切妻造平入

徳島県 美馬市

脇町

藍で栄えた町に美しい装飾のうだつが並ぶ

陸路・舟運にも恵まれた脇町は、藍で栄えたうだつの町並みと親しまれてきた。その美しい京風町家の景観に、威勢を競い合った商家の面影が今に残る。

天正13年（1585）、蜂須賀家政が阿波藩主となり、筆頭家老の稲田植元を脇城に配したことで、脇町は城下町として繁栄した。吉野川の中流に位置し、撫養街道と讃岐への街道が交差する要衝となる立地から、阿波藩は脇町で藍の生産を奨励し、商人の町をつくった。

脇町の中心である南町が伝建地区にあたり、長さ430mの通り沿いには本瓦葺の屋根に塗籠壁（※1）の重厚な家々が立ち並ぶ。特筆すべきは家々の2階壁面から突き出した「うだつ」。うだつとは隣家の境に設けた袖壁（防火壁）のことで、脇町の

POINT

脇町のうだつ

本瓦葺の小屋根の付いたうだつ（袖壁）は漆喰塗
うだつの高さは2階の屋根より低い
隣家との境に設けて防火壁とした

※1：土や漆喰で厚く塗り込んだ壁

明治時代より以前は本通りとしてにぎわっていた南町通り。切妻造平入で中2階建、前面に深い庇がある白漆喰の建物が連なる

脇町の町家で最古の国見家住宅。内部には丸太梁に鴨居と敷居を入れ、丸太に近い柱がある古風な造り

寛政4年（1792）創業の藍商「佐直」、吉田家住宅。一般公開され、往時の藍商の暮らしぶりを見学できる

上部に突き出た瓦は鳥衾。鳥が直接鬼瓦に留まらないように造られた。うだつの瓦に鳥衾を飾っている家も

ものは漆喰塗で小屋根が付いている。後に商家の財力の象徴ともなり、さまざまに意匠が凝らされた。現在では約50個残っており、小さな屋根にもかかわらず端に鴟尾（※2）や獅子の形をした軒飾りが付いているものも見られる。岐阜県の美濃町（78頁）や長野県の海野宿（50頁）のうだつに比べ、脇町のうだつは壁が厚く角張っていて、本来の防火壁としての役割をより感じさせる。そのほか2階には防火対策の虫籠窓、1階には格子と蔀戸が設置されていて、開放的な表構えとなっている。

脇町の中で一、二を争った豪商の吉田直兵衛は、屋号を「佐直」と称し、その屋敷（吉田家住宅）は約600坪の敷地に主屋・質蔵・藍蔵・中蔵・離れの5棟が中庭を囲むように立ち並び、藍商の代表的な屋敷構えを今に伝えている。

◎交通…JR徳島線「穴吹駅」下車、車で約10分
徳島自動車道「脇町IC」から約10分
◎公開施設…美馬市観光文化資料館、吉田家住宅、脇町劇場オデオン座

※2：瓦葺屋根の大棟の両端に付けられる飾りの一種

山裾から山頂近くまでを切り開いて形づくられた落合集落の全景。家屋と田畑と里道が一体となっている

◎交通：JR土讃線「大歩危駅」から四国交通バス祖谷線で約70分、「落合橋」下車徒歩約60分

山村集落

徳島県 三好市

東祖谷落合

山間の傾斜地に自然と調和した石垣の集落が広がる

祖谷川と落合川の合流地点から山頂近くまで、高低差が約390mの急斜面に広がる集落。石垣で築いた平地に家屋や田畑が造られている。石垣にはミソイシやヤマイシと呼ばれる層状に剥離する性質の結晶片岩を使い、だるま積（※1）や算木積（※2）で造られる。江戸中期から昭和初期の建物が散在し、家々を縫うように細い里道が通る。家屋は平入で、居住空間のウチと客間のオモテから成る。土壁をひしゃぎ竹という割竹で覆う外壁もユニークだ。

敷地内では主屋、納屋、隠居屋が谷側を正面に横1列に並ぶ

※1：長い形状の石を、短辺側の小口が見えるようにした積み方
※2：石の長辺と短辺を交互に重ね合わせることで強度を増す積み方

藩政時代に移住が始まり鰹漁と共に繁栄した離島の漁村集落

牟岐港から南の沖合約4㎞に浮かぶ小さな有人島。江戸後期に徳島藩の移住奨励により、入江のある島北部に集落が形成され始める。鰹漁を中心とした漁業で栄え、昭和前期の最盛期には人口約800人を数えた。現在、70人ほどの島民が暮らす宅地は入江の周りに集中し、背後の斜面には畑地が階段状に形成されている。伝統的な主屋の大半は間口が3〜4間規模で、1階正面に蔀と床几からなるミセ構えと出格子が設けられているのが特徴だ。

島には自動車がなく、通りには運搬用の手押し車が見られる

漁村

徳島県 牟岐町

出羽島

面積わずか0.7㎢の出羽島。島の北部には砂州に囲まれた入江があり、天然の良港として利用されてきた

◎交通：JR牟岐線「牟岐駅」から徒歩約10分、牟岐港から定期連絡船で約15分

塗屋造中2階建の町家が並ぶ通りには海鼠壁の土蔵も見られる。写真は笠島まち並保存センター（真木邸）

◎交通…本島港から徒歩約20分

港町

香川県 丸亀市塩飽本島

笠島

廻船業で知られた港町は瀬戸内海の要衝で塩飽諸島の中心地

古くから廻船業で栄え、塩飽水軍の本拠地だった塩飽諸島。その1つの本島には北に港を開き、三方を丘陵に囲まれた城下町の要素をもつ笠島集落がある。網目のように張り巡らされた狭い道には、先が見通せないように工夫がなされている。南北に走る東小路、東西に弓なりに湾曲するマッチョ通りが主な通りで、格子と虫籠窓を設けた中2階建の町家形式の住宅が立ち並ぶ。船大工から発展した塩飽大工の巧みな技が残る貴重な町並みとなっている。

S字に曲がった東小路は先が見通せない

日本の伝統的な建築と洋風建築が混在する文明開化を感じる町並み

宇和島と大洲・松山をつなぐ宇和島街道の宿駅として形成された卯之町。中町、新地、横町通り、大念寺、下町の5つの区域から成り、江戸時代からの町割が今もよく残っている。四国では珍しい妻入と平入の町家が混在する特徴的な町並みで、壁を白漆喰で塗り込めた江戸から昭和のさまざまな建築が当時のまま現存し、変化に富んだ独特な景観が広がっている。うだつや蔀戸、飾り瓦や持送りに施された意匠などにも注目したい。

西日本では最古級といわれる疑洋風建築の開明学校

在郷町

愛媛県 西予市宇和町

卯之町

通り沿いに、妻入と平入の町家が混在して立っている中町の町並み。妻入町家の中にはうだつが見られるものもある

◎交通…JR予讃線「卯之町駅」から徒歩5分

製蠟町

切妻造平入

愛媛県 内子町 八日市護国

黄色を帯びた漆喰壁の建物が独特な製蝋町

江戸時代から今に残る町屋群。贅を尽くした意匠が映える重厚な漆喰塗籠の建物が、かつての商人や職人の暮らしを彷彿とさせる。

愛媛県のほぼ中央に位置する内子町。八日市護国の町並みは松山と大洲を結ぶ旧大洲街道沿いに形成された。江戸時代から和紙や木蠟の生産拠点として栄え、最盛期の明治期には国内最大の木蠟の生産地に。莫大な富を得られたことで町全体がにぎわい、街道沿いに製蠟業者などの屋敷が立ち並んだ。

内子町の中でもかつての面影が色濃く残っているのが八日市・護国地区。伝建地区は街道沿いの南北約600mにわたり、塗屋造（※1）の2階建切妻造の建物が軒を連ねる。街道は緩やかな坂道で、そこに江戸

POINT 蔀と床几

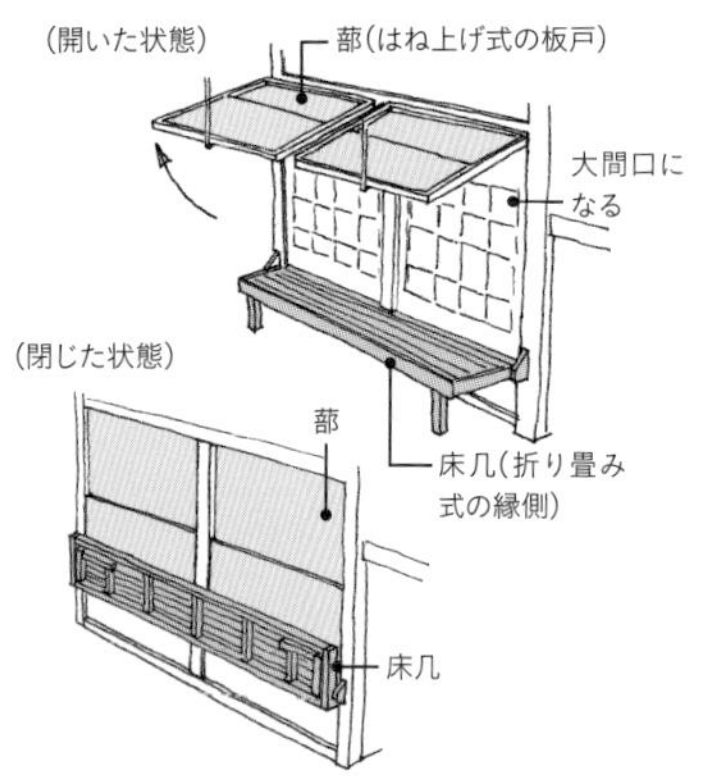

※1：2階正面の外壁と軒裏まで土壁塗の漆喰仕上げとした防火建築

本芳我家住宅の土蔵の懸魚は商標の旭鶴を描いた鮮やかな鏝絵。重厚な鬼瓦・鳥衾とコントラストを成す

地区最古の大村家住宅。製蠟で栄える以前の古い町家形式で、1階正面には蔀戸と床几が設置されている

上芳我邸の主屋（左）と炊事場（右）。主屋の妻面には瓦葺の厚い庇が3段も重ねられている

左手の本芳我家住宅は明治22年（1889）の建築。木蠟産業の最盛期を伝える代表的な建物。1階には出格子が見える

末期の町家や明治中期の豪商の屋敷などが混在することで町並みに変化をもたらしている。「白壁の町」とも呼ばれているが、実際は白漆喰で塗られた白壁だけではなく、内子で採掘される黄土を混ぜた浅黄色の壁も多い。この優しく淡い黄色は、内子町独特の温かい風情をつくり出している。建物正面には弁柄という赤い顔料で塗られた出格子（※2）を設ける他、腰を海鼠壁（※3）としたり、壁面に鏝絵といわれる漆喰彫刻を施したりして手の込んだ意匠が見られる。破風飾りの懸魚や鬼瓦の鳥衾（139頁）など屋根廻りの装飾も美しい。

町一番の製蠟業者であった本芳我家住宅には鶴・亀・波などをモチーフとした鏝絵が見られる。また分家の上芳我邸には蠟垣（※4）という防犯用の垣根を巡らした広大な敷地に蠟の生産施設が今も残り、木蠟資料館として公開されている。

◎交通…JR予讃線「内子駅」から徒歩約15分
◎公開施設…木蠟資料館 上芳我邸、町家資料館、八日市・護国町並保存センター

※2：柱間から外側へ出窓のように張り出して造られた格子
※3：土蔵などの腰壁に平瓦を並べて張り、継ぎ目を漆喰で盛り上げ固めたもの　※4：白蠟の盗難防止用に造られた木製の垣根

【寄り道ガイドマップ】

内子町（うちこちょう）

大洲（おおず）和紙や和蠟燭（わろうそく）など今も受け継がれる職人の町。駅から歩いて町中をゆったり散策、またはレンタカーで１日かけて郊外まで堪能したい。

内子座

大正5年（1916）に建てられた本格的な歌舞伎劇場。歌舞伎や文楽、活動写真などの興行が行われた。廻り舞台、桝席、すっぽんと呼ばれる舞台装置を生かして現在も芝居やコンサートを開催。年末年始休

高昌寺（こうしょうじ）

室町時代から続く曹洞宗の古刹。広い境内には日本最大級の石造の涅槃（ねはん）仏が安置されている。また、毎年3月15日には約200年以上の歴史のある春祭り「ねはんまつり」が行われている

379

道の駅内子
フレッシュパーク
からり

56

内子駅

JR予讃線

56

松山自動車道

小田川

龍宮トンネル

大森和蠟燭屋（おおもりわろうそくや）

江戸時代から7代にわたり受け継がれてきた老舗和蠟燭店。ハゼの実から採取した木蠟を年輪のように重ね付ける職人の技が見られる。火・金曜休

坂見輝月堂（さかみきげつどう）

「坂見といえば栗饅頭」。100年以上の歴史ある老舗の和菓子店では、銘菓・栗饅頭が人気。不定休

五十崎凧博物館（いかざきたこはくぶつかん）

日本各地の伝統的な凧や世界中の珍しい凧400点を展示している凧博物館。凧づくり体験や、近くの河川敷で凧揚げ体験もできる。月曜・年末年始休

0　300m

泉谷の棚田（いずみだにのたなだ）

「日本棚田百選」に選ばれた美しい石積の棚田の絶景が広がる。内子駅から車で約35分

泉谷の棚田へ →

在郷町

高知県 室戸市

吉良川町

壁面に水切り瓦を設け、腰壁に海鼠壁を用いた旧炭問屋・池田家住宅の蔵。現在は喫茶店となっている

◎交通…土佐くろしお鉄道ごめん・なはり線「奈半利駅」から高知東部交通バスで約25分、「吉良川学校通」下車徒歩約10分

独特な町並みは台風の常襲地として雨風から家々を守るため

高知から室戸へ続く土佐浜街道沿いに形成された吉良川町。明治から昭和初期にかけて良質な土佐備長炭の産地として栄えた。伝建地区は土佐浜街道沿いと御田八幡宮周辺で、台風が多い地域ならではの特徴的な建物が並ぶ。激しい雨から壁を守るため強度のある土佐漆喰の外壁に「水切り瓦」を付けたり、暴風から高台の家を守るため玉石を積んだ石垣塀「いしぐろ」で敷地を囲んだりと、気候風土に適した地域色豊かな町並みを今に伝えている。

玉石や半割り石をいろいろな方法で積み上げる「いしぐろ」

安芸城を中心にした江戸時代の町割を残す閑静な武家町

安芸平野の中央、太平洋に注ぐ安芸川の西岸に位置する土居廓中。関ケ原の戦いの後に配された土佐藩家老の五藤氏によって整備された。伝建地区は玉石を使った側溝のある通りに沿って武家屋敷が並び、江戸時代のままの狭い道幅が残る。雨風が強い土地柄、屋根の瓦を風向きによって葺き分けているのも独特だ。主屋も雨返りを防ぐため下を板壁、上を漆喰真壁にし、破風からシトミという竪板を下ろす。通り沿いの生垣や練塀（※）は侵入防止策だ。

シトミと腰板の家屋が連なり、周りには外堀を巡らしている

※：瓦と練土を交互に積み上げて造った塀

武家町

高知県 安芸市

土居廓中

藩政時代は中下級屋敷に使われたドヨウダケの生垣。2本の押縁も竹だ。また、ウバメガシの生垣も多く見られる

◎交通…土佐くろしお鉄道ごめん・なはり線「安芸駅」から安芸市営元気バス「野良時計前」下車徒歩約2分

九州 ①

福岡・佐賀・長崎

磁器の町・有田内山や酒造りの町・八本木宿、居留地時代の面影を残す長崎の港町など、それぞれの伝統産業や歴史を色濃く伝える個性豊かな町並みがその美観を競う。

p.148

朝倉市 秋月

◉城下町

「筑前の小京都」と呼ばれる端正な城下町。石垣や土塀で敷地を囲み門を構えた立派な武家屋敷を今も残す。一方、町人地は白壁の町並みだ。

p.148

うきは市 筑後吉井

◉在郷町

東西に走る街道沿いに重厚な白壁町家が軒を連ね、2つの河川と町中に整備された水路が家々の裏を流れる。腰の海鼠壁や壁の鏝絵は見もの。

p.149

うきは市 新川田篭

◉山村集落

茅葺屋根や瓦葺の民家が谷沿いに並び立ち、「日本棚田百選」に選ばれた美しい棚田群と共に昔ながらの山村風景を残す。

p.149

八女市 黒木

◉在郷町

外壁や軒裏を漆喰で固めた居蔵造の町家が特徴的。白壁に巨大な青石を張り付けた家をぜひ見ておきたい。

p.149

八女市 八女福島

◉商家町

伝統工芸の製造販売で発展した歴史が今も息づく商家町。居蔵造の町家が道沿いに連なり、防火性の高い白漆喰の大壁は目を引く。

p.155

雲仙市 神代小路

◉武家町

武家町の名残である石垣などが路地に沿って続き、武家屋敷も現存。切石積や玉石積で造られた水路が通り、整然とした美観を保っている。

p.151

鹿島市 浜庄津町(はましょうづまち)・浜金屋町(はまかなやまち)

◉港町・在郷町

港町として栄えた浜庄津町と職人町だった浜金屋町から成る。浜庄津町では、町中(まちなか)に茅葺町家が密集していて珍しい。

p.150

鹿島市 浜中町八本木宿(はまなかまちはちほんぎしゅく)

◉醸造町

居蔵造の白壁町家や大規模な酒蔵が街道沿いに連なる。佐賀県特有のくど造といわれるコの字形民家も見られる。

p.155

平戸市 大島神浦(こうのうら)

◉港町

幅3mほどの路地に瓦葺町家が立ち並び、静かな離島の歴史を物語る。家々の軒下に付けられた持送りのデザインにも注目。

p.152

有田町(ありたちょう) 有田内山(うちやま)

◉製磁町

和洋さまざまな意匠を施した磁器の商家が表通りに並ぶ。レンガを赤土で塗り固めたトンバイ塀が続く裏路地も巡りたい。

p.151

嬉野市 塩田津(しおたつ)

◉商家町

居蔵造の重厚な町家が堂々と立つ。川に面して土蔵や座敷蔵、さらに石段や洗い場も残り、河港ならではの美しい町並みだ。

p.154

長崎市 南山手

◉港町

外国人の住宅地として造成された丘陵地に洋風邸宅が並び立つ。豪商たちの洋館が現存するグラバー園から見下ろす絶景に驚嘆。

p.154

長崎市 東山手

◉港町

旧居留地に明治期の領事館建築や木造洋風住宅が今も残る。洋風建築を囲む石塀が続くオランダ坂の景観は必見。

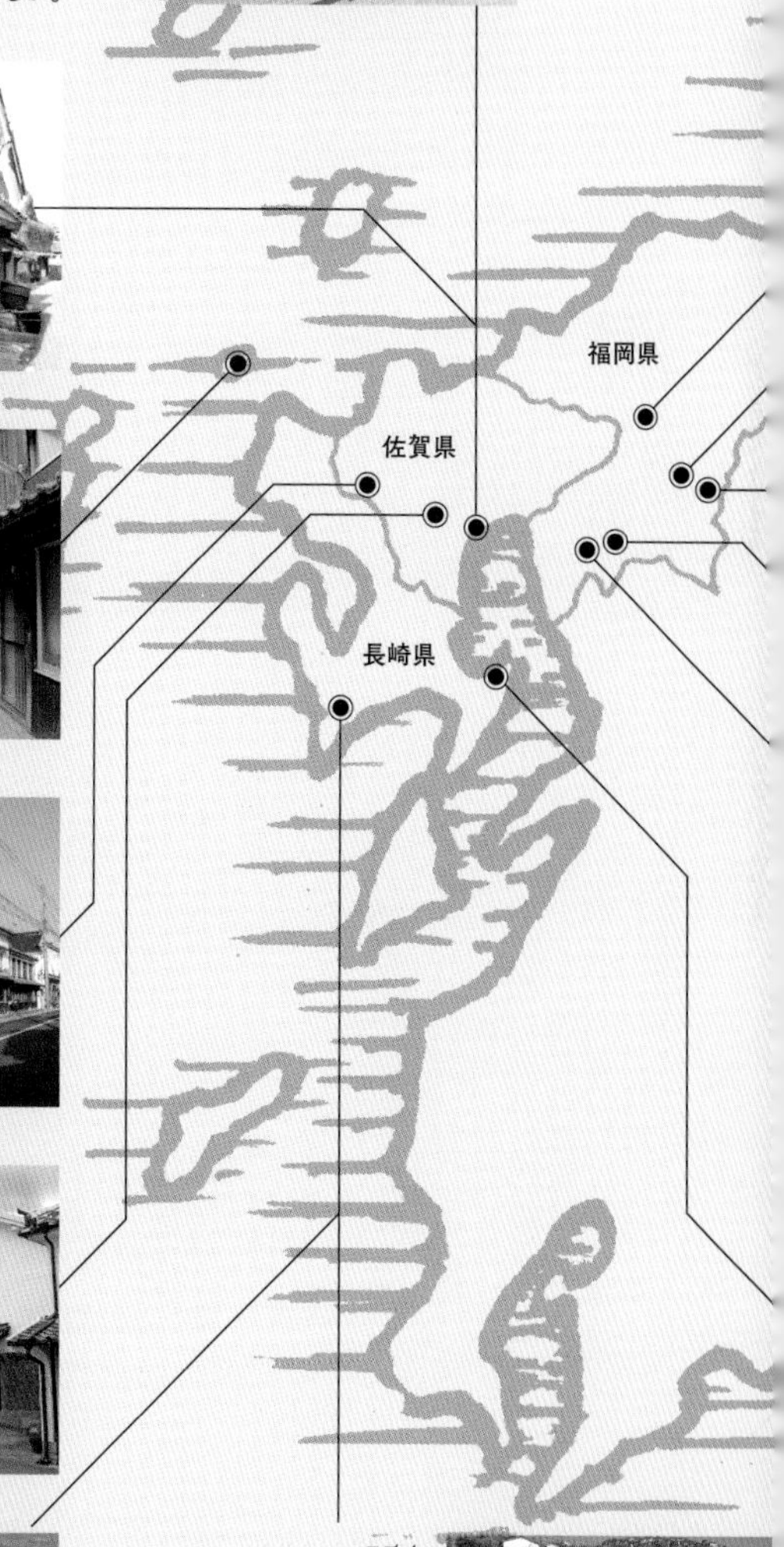

622坪と特に大きな敷地をもつ久野邸。塀の奥に茅葺寄棟造の主屋がある。手前の瓦葺仲間部屋付の門は藩からもらったもの

◎交通：甘木鉄道・西鉄甘木線「甘木駅」から甘木観光バス秋月線で約20分、「秋月」下車すぐ

城下町

福岡県 朝倉市

秋月

鎌倉時代より古処山の麓に栄えた自然豊かな小さな城下町

秋月は、江戸初期に黒田氏が福岡藩の支藩として発展させた城下町。町全体がそのまま伝建地区に選定され、城を囲うように武家屋敷や町家が並ぶ。秋月城跡には長屋門（※1）や旧大手門（通称・黒門）が残り、藩士が馬ぞろえをした杉の馬場は桜の名所に。上級家臣の旧田代家住宅や久野邸など、土塀や生垣で囲まれた茅葺の屋敷が武家地の景観を伝える。旧町人地は通り沿いに白壁の妻入町家が並び、秋月千軒と称され往時のにぎわいを残している。

入母屋造や切妻造の町家が中心。1階正面には下屋庇を付ける

※1：江戸時代の武家屋敷などで左右に家臣などが住む長屋を設けた門

豊後街道の宿駅として栄え今も百数十軒の白壁の町家が美しく残る

筑後川中流に位置し、城下町久留米と天領日田を結ぶ豊後街道の宿場町としてにぎわった吉井町。江戸末期から酒や油などの加工産業で繁栄し在郷町に発展した。莫大な財を蓄えた有力商人は吉井銀と呼ばれ、庇を支えるため壁に付けた持送りの彫刻や白壁の鏝絵などの装飾を財力の象徴とした。伝建地区は、白漆喰塗の居蔵造（※2）町家が並ぶ旧街道沿いと、災除川と南新川沿いに広がる屋敷地で、重厚な造りの家々が往時の繁栄を今に伝える。

家の幸と繁栄を願って描かれた鈴と組紐の鏝絵

※2：大壁を漆喰で仕上げる蔵造とほぼ同じ防火建築。1階を住居や店舗、2階を蔵に使用した建物を九州北部で「居蔵屋」と呼んだのが語源

在郷町

福岡県 うきは市

筑後吉井

旧豊後街道（国道210号線）沿いに並ぶ居蔵造の商家は瓦葺の入母屋造が多い

◎交通：JR久大本線「筑後吉井駅」から徒歩約5分

山村集落

福岡県 うきは市

新川田篭

自然と共にある
人々の暮らしの場は
日本の原風景そのもの

耳納山系の山間部を流れる隈上川沿いの谷筋に集落が分布している。伝建地区は新川地区と田篭地区の計7集落から成る。江戸時代以降に建てられた寄棟造の茅葺民家が南向きに並び立ち、かつて日本に見られた伝統的な山里風景をとどめる。建物の前面には農作業用のツボ（前庭）がある。宅地や棚田は石垣で築かれ、石垣が階段状に連なる様子が山村風景に趣を添える。国重要文化財の平川家住宅は佐賀県に見られるコの字形の、くど造（※3）だ。

18世紀後期築の農家の平川家住宅。主屋を上から見るとコの字形のくど造となっている

◎交通…JR久大本線「うきは駅」から徒歩約3分「浮羽発着所」より西鉄バス神杉野（田篭）線で約20分、「田篭」下車

商家町

福岡県 八女市

八女福島

城下町の骨格を残す
八女地方最大の商家町は
居蔵造の町家が立ち並ぶ

慶長6年（1601）に領主・田中吉政が福島城を支城とし城下町を整備。町人地はその後も茶、和紙、提灯といった特産物で経済の中心地として発展した。旧町人地全域が伝建地区で、屈折した道路や城堀跡の水路、桝形など城下町の町割が残る。大火の経験から居蔵造と呼ばれる蔵造（※4）の町家が多いが、真壁造（※5）の町家も混在する。間口に応じて設ける袖下屋、隣家との間に屋根を掛け両側から使う「もやい壁」などの特徴をもつ。

白漆喰仕上げの居蔵造の商家が軒を連ねる

◎交通…JR鹿児島本線「羽犬塚駅」から堀川バスで約20分、「福島」下車徒歩5分

在郷町

福岡県 八女市

黒木

高度な水利技術で知られる
矢部川中流の在郷町は
中世の猫尾城が起源

黒木は筑後地方の南部、矢部川と笠原川の合流点の西側に形成された。八女福島に次ぎ八女地方第2の商都といわれ在郷町として栄えた。伝建地区は矢部川右岸の黒木町と左岸の農地を含み、腰壁に緑泥片岩（青石）を張った居蔵造の町家が多い。家々の裏側には用水路が整備され、石垣の上に立つ家屋もある。さらに町並みを特徴づけるのが、正徳4年（1714）に整備された黒木廻水路や黒木大堰などの水利施設。棚田や石積と共に特徴的な景観だ。

腰の石張が特徴的。居蔵造の町家は入母屋造妻入の建物が多い

◎交通…JR鹿児島本線「羽犬塚駅」から堀川バスで約40分、「黒木」下車徒歩10分

※3：コの字形の平面部分を草屋根とし、これに囲まれた部分を瓦屋根とした民家。佐賀県に広く分布する
※4：屋根を瓦葺にし、土壁の上を漆喰などで厚く塗り込めた防火建築　※5：柱と柱の間に壁を納め、柱や梁を外に見せる建築様式
※6：緑泥石を多く含む結晶片岩。暗緑色で小さな片状を成し、薄くはがれるのが特徴

緩やかなラインと道幅は江戸時代のまま、現在も6軒の造り酒屋が残る、通称「酒蔵通り」。右手前には光武酒造、奥には中島酒造場が見える

醸造町

切妻造平入

佐賀県 鹿島市

浜中町八本木宿

◎交通…JR長崎本線「肥前浜駅」から徒歩5分
◎公開施設…肥前浜宿継場、旧乗田家住宅

江戸末期に建てられた鹿島藩士の武家屋敷「旧乗田家住宅」。一般的なコの字形ではなく一部張り出たユの字形のくど造が特徴的

POINT

居蔵造の防火構造

酒造で栄えた蔵元の豪壮な町家が軒を連ねる迫力のある町並み

有明海を臨む浜川左岸に、長崎街道の脇街道・多良海道の宿場町としてつくられたのが浜中町八本木宿（肥前浜宿）である。多良岳山系の名水と良質な米に恵まれ、江戸時代から酒造が盛んになり、醸造業を中心に発展した。

伝建地区は今でも蔵元が残っていることから「酒蔵通り」とも呼ばれている。近世を通じて大火が重なったことで、海道沿いには耐火性の高い居蔵造の町家が、その裏手には白漆喰塗土蔵造（※）の酒蔵が立ち並ぶ。そのほか茅葺の町家や武家屋敷、真壁造の町家など、江戸後期から昭和初期の建物が入り混じる。

また、地区内には江戸時代に宿場間の人馬の継立てをしていた継場や、防犯のために整備された行く先の見通せない街路や道幅、縦横に巡る水路も変わらず残されている。

※：骨組は木造で、外壁は厚い土壁とした造り

茅葺の町家が通り沿いに連なる景観はこの地区ならではのもの。写真手前から3棟は内部を公開している

◎交通…JR長崎本線「肥前浜駅」から徒歩約8分

港町 在郷町

佐賀県 鹿島市

浜庄津町・浜金屋町

伝統的な茅葺町家が町中に密集する全国でも珍しい景観

浜川を挟んで八本木宿（150頁）の対岸に広がるのは、「浜千軒」といわれるほどにぎわった伝建地区。鍛冶屋や船乗りが暮らしたかつての職人町である浜金屋町と、河口の港町として栄えた浜庄津町から成る。近世の地割が残り、浜金屋町には茅葺町家と桟瓦葺の町家が混在し、浜庄津町では茅葺町家が路地や水路に沿って立ち並ぶ。いずれも江戸後期から近代の建築とされるが、山村ではない町中でこれほど茅葺町家が密集し残っているのは珍しく貴重だ。

茅葺屋根をトタンで覆った民家も多い。多くは寄棟造

大きな白壁町家が連なり河港としてにぎわった繁栄を今に伝える

長崎街道の宿場町として、また河港で物資を荷卸しする商家町として栄えた塩田津。上町・中町・下町を貫く表通りには、度重なる大火や風水害を教訓にした、耐久性の高い居蔵造の重厚な町家が並ぶ。漆喰で塗り固めた白壁が続く景観は美しく、中でも地域屈指の豪商だった西岡家住宅は、間口が約11mもあり圧倒的な存在感。他にも洋風建築など多様な建造物が残り、また旧検量所や川への石段など、河港を中心に栄えた往時の面影が今も残っている。

陶石が運び込まれていた旧検量所（現・町並み交流集会所）

商家町

佐賀県 嬉野市

塩田津

入母屋造妻入の居蔵造町家が旧街道沿いに並ぶ。かつて線路を引くため道が拡幅され、旧街道では珍しく道路が広い

◎交通…JR西九州新幹線「嬉野温泉駅」から祐徳バスで約20分、「嬉野市役所塩田庁舎前」下車徒歩約5分

上の番所跡近くの大イチョウから下の番所があった眼鏡橋まで表通りの約2kmにわたって、江戸から昭和までそれぞれの時代の建築が見られる

製磁町

入母屋造妻入

佐賀県 有田町（ありたちょう）

有田内山（うちやま）

江戸から昭和期までの建築が並び、変化に富んだ磁器産業の町並み

17世紀初めに朝鮮人陶工が磁器製作の技術を伝えて以降、有田は焼き物の町として発展した。中でも内山地区は文政11年（1828）に大火災に遭い、町のほとんどを焼失。その後、表通りには陶磁器店、裏通りには細工職人の家が並び、山側には多くの窯元が造られ、「有田千軒」と呼ばれる町並みが形成された。

現在でも表通りとなる皿山通りには、江戸期の漆喰塗の町家、明治期の洋風建築、大正期の商家など各時代の建造物が多様に混ざりながらも美しく調和している。通りに面した商家はいずれも大型で、明治中期から昭和初期築の3階建家屋も見られる。裏通りには登り窯用の耐火レンガ（トンバイ）の廃材でできたトンバイ塀が続き、宮内庁御用達の窯元としての歴史をもつ辻精磁社があるなど、変化に富んだ町並みだ。

使われなくなった登り窯用の耐火レンガを赤土で塗り固めた茶褐色の土塀、トンバイ塀。総延長は約875mにも及ぶ

POINT

軒切りで変わった家並み

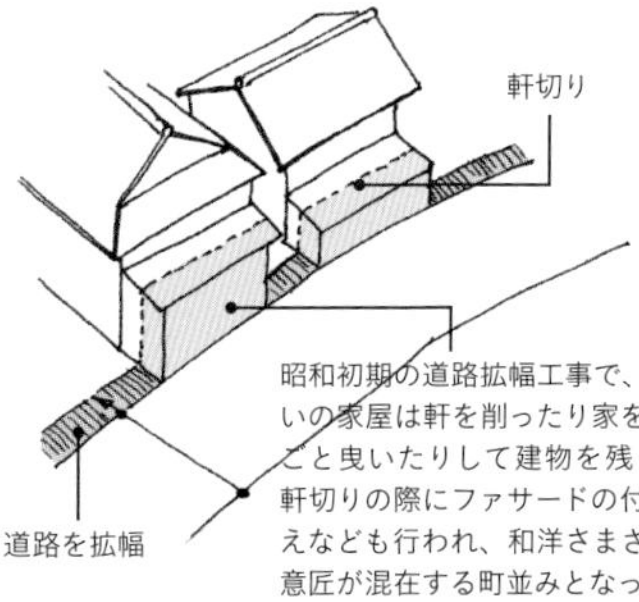

昭和初期の道路拡幅工事で、道沿いの家屋は軒を削ったり家を土台ごと曳いたりして建物を残した。軒切りの際にファサードの付け替えなども行われ、和洋さまざまな意匠が混在する町並みとなった

◎交通…JR佐世保線「有田駅」からコミュニティバス約5分「札の辻」下車、または「上有田駅」から徒歩約15分
◎公開施設…赤絵座、有田館、小路庵（しゅうじあん）

【寄り道ガイドマップ】

有田町

情緒的な磁器の町に点在する名所を巡るなら、バスやレンタカー、またはレンタサイクルがお勧め。

有田ダム

詩人の山本太郎が「秘色の湖」と詠んだ湖面の美しいダム。周辺の遊歩道からは春の桜や秋の紅葉はもちろん、四季折々の自然を満喫できる

有田異人館

田代助作が明治9年（1876）に陶磁器を買い付けに来た外国商人の接待施設として建築した。らせん階段など当時としては画期的なデザイン。土日祝公開

辻精磁社

第112代霊元天皇の時代に日本で初めて磁器食器を納め「禁裏御用窯元」つまり「宮内庁御用達」となった窯元。現在も15代にわたってその技術は受け継がれている

口屋番所跡

佐賀藩の役人が陶石や焼き物の持ち出しを厳しく取り締まった口屋番所跡。樹齢約1,000年のイチョウの巨木が紅葉の時期には美しく色づく、観光名所となっている

香蘭社

香蘭社は九州で最初の法人企業であり、アメリカで開催される万博に出品するために組織された創業140余年の窯元。2階が古陶磁陳列館となっており、香蘭社の歴史と共にその時の品も展示されている

上有田駅
JR佐世保線
青磁トンネル
青華トンネル
赤絵トンネル

泉山磁石場

日本磁器発祥の地、有田焼の原料となる陶石の採掘場。現在は休鉱中だが、山がえぐられた奇観を見学可能

陶山神社

応神天皇を主祭神とした八幡宮で、鳥居や狛犬など陶磁器製の奉納物があるユニークな神社。焼き物の町ならではの風情に触れることができる

有田焼のデパート丸兄商社

有田焼最大の展示場で、見ごたえのある品ぞろえ、地元ならではの価格が嬉しい有田焼専門店。ろくろ体験や絵付けも体験できる

先人陶工の碑

有田焼をつくり上げた名もなき陶工に感謝の意を込めて建てられたトンバイ塀を使った碑がある

0　250m

港町

長崎県 長崎市

東山手

石畳のオランダ坂に沿って石塀が立ち、奥に瓦屋根の洋風建築がのぞく。三角溝と呼ばれるV字形の雨水溝も残る

◎交通…JR長崎駅から路面電車で約15分、「大浦海岸通」下車徒歩約5分

海を見下ろす高台に領事館や洋館が立ち居留地時代をしのばせる

安政6年（1859）、長崎は自由貿易港の1つに指定され、海を見下ろす高台にある東山手にも外国人居留地が設けられた。伝建地区内にはオランダ坂に代表される石畳の坂道が整備され、東山手洋風住宅群やミッション系の学校などの歴史的建造物と共に居留地時代の面影を感じさせる。当時は各国の領事館が並び立っていたことから「領事館の丘」とも呼ばれ、ロシア領事館などとして使われた東山手十二番館などの洋館が町の歴史を物語る。

明治元年（1868）築の東山手十二番館はベランダが開放的

長崎湾を見下ろす閑静な丘の上に洋風住宅群が並ぶ

東山手と同じく居留地として開かれた南山手は、長崎湾を見下ろす眺望のよい丘の上に位置し、主に住宅地として使われていた。ドンドン坂をはじめ石畳の坂道沿いには多くの洋風住宅が並び立ち、異国情緒漂う町並みが形成されている。国宝・大浦天主堂の南隣には、現存する日本最古の木造洋風建築である旧グラバー住宅の他、移築・復元した洋風邸宅や公共建築を見学できるグラバー園がある。居留地時代の雰囲気が体感できるエリアだ。

ドンドン坂の道筋には今も人が住む洋館がある

港町

長崎県 長崎市

南山手

木造平屋建の旧グラバー住宅。ベランダと深い軒をもつバンガロー形式になっている

◎交通…JR長崎駅から路面電車で約15分、「大浦天主堂」下車徒歩約5分

街路の屈折に合わせた敷地割のため、建物の壁面がずれている。右手前の町家の持送りは明治後期のもの

◎交通…平戸桟橋から市営フェリーで30分、神浦港から徒歩5分

港町

長崎県 平戸市

大島神浦

離島で発展した港町の緩やかなカーブの道に平入町家が連なる

平戸島の北に浮かぶ的山大島（大島）。古くから漁村として栄えた神浦集落が、近世に漁業と商業を基盤とする港町へと発展した。特徴的なのは、緩やかにカーブする細い街路に沿ってびっしりと続く家並みだ。江戸中期から昭和初期に建てられた木造家屋が軒を争う様子は多くの人々が島に流入した往時の繁栄を今も物語る。町家の多くに付けられた腕木庇（※1）を支える持送りは建築時代ごとにデザインが異なり、それぞれ比べて見るのも面白い。

大正期まで一般的だった摺り上げ戸も残る

※1：腕木という横木を柱や梁から突き出し、その上に出桁をのせて掛けた庇

有明海と川に囲まれた江戸時代の屋敷が残る美しく閑静な武家町

有明海を臨む島原半島北部に位置し、古くから島原と佐賀を結ぶ海上交通の要衝だった神代小路。豊臣秀吉の九州国分で佐賀鍋島藩の領地となった。みのつる川と神代川によって周りから隔たれたこの町は、藩主の屋敷の周りに上級家臣の屋敷が配され、当時の町割が今もよく残る。石垣や生垣で囲われた屋敷地には江戸時代築の主屋や長屋門などが立ち、町中を通る切石や玉石組の水路に、そこから水を引く池泉式庭園（※2）など、美しい景観が見られる。

神代小路地区の中心となる旧鍋島家住宅

※2：川などの水を引き込み、池や人工的に造った山・植え込みなどを配した庭園

武家町

長崎県 雲仙市

神代小路

玉石の練塀が続く本小路には、帆足家の長屋門が現存。入母屋屋根で壁の下部は板張、上は漆喰塗になっている

◎交通…島原鉄道線「神代駅」から徒歩約5分

大分・宮崎・鹿児島

九州②沖縄

「小京都」と呼ばれる情緒豊かな町や、自然と共生した家構えを残す素朴な町が今も残る。温暖な地方ならではのゆったりとした空気が流れ、散策していると時間が経つのをつい忘れる。

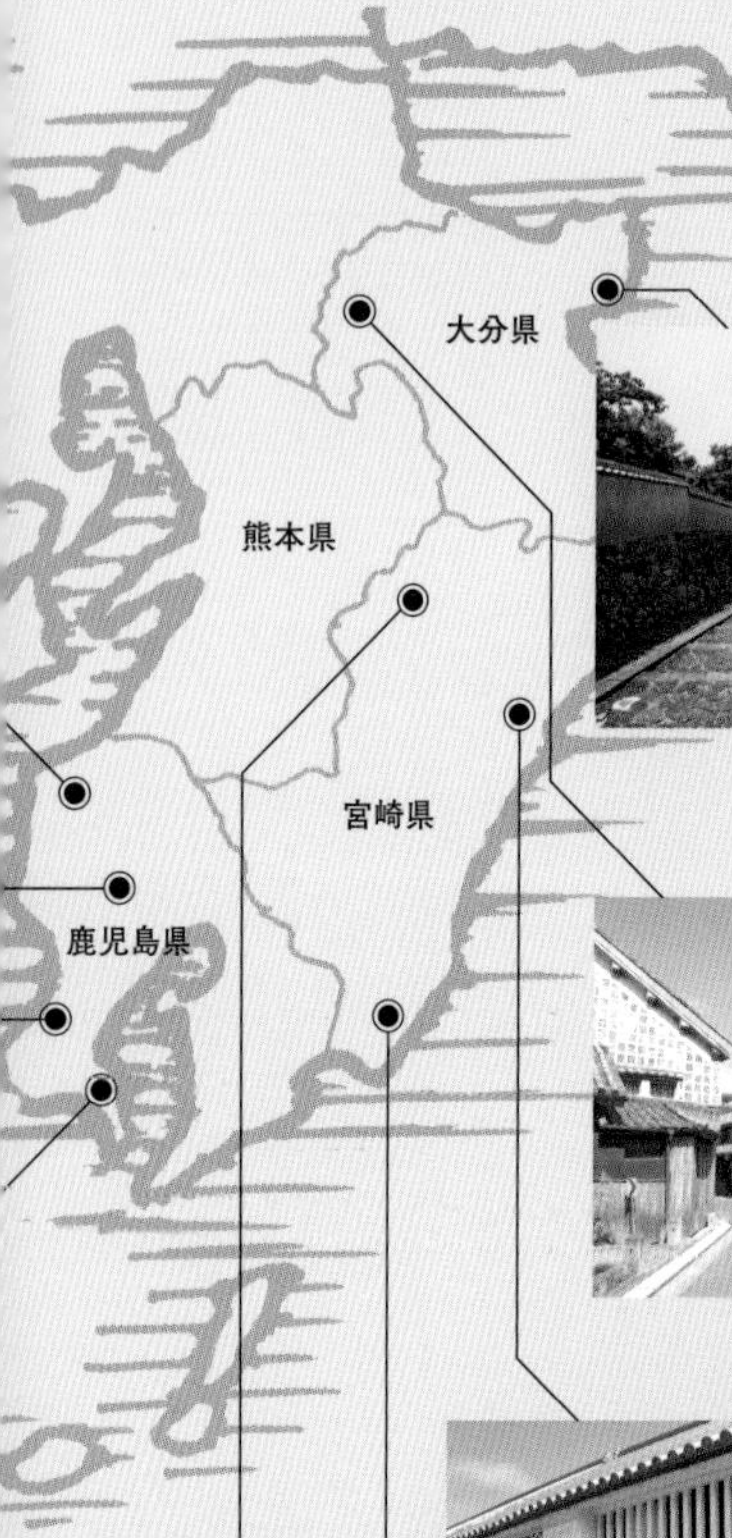

p.159

杵築市 北台南台

◉武家町

谷間の町人地を挟む南北の高台に武家町が広がり、重厚な武家屋敷が今も多く残っている。さまざまな造形の坂道にも注目。

p.158

日田市 豆田町

◉商家町

城下町の形状を残す整然とした町割。居蔵造といわれる防火建築をはじめ、商家町として繁栄した歴史を物語る多様な時代の建物を愛でたい。

p.161

日向市 美々津

◉港町

廻船業者が関西から建設文化を持ち帰ったことから、家々は繊細な格子や虫籠窓などを構えた上方風。大壁造による白壁の家並みが美しい。

p.160

日南市 飫肥

◉武家町

飫肥城跡を中心とする武家町に、長屋門や薬医門など家の格式に応じた門を構えた武家屋敷が並ぶ。道沿いには石積の生垣などを巡らせている。

p.161

椎葉村 十根川

◉山村集落

複数の部屋を横1列に並べた、椎葉村独特の細長い形の民家が山腹の段丘地に立つ。石垣が幾重にも連なった天空の山村風景を堪能したい。

p.162

出水(いずみ)市 出水麓(いずみふもと)

◉武家町

碁盤の目状に区画された街路に続く石垣と生垣の緑が見事に調和。道路面より高い敷地には、表門を構えた武家屋敷が風格たっぷりに立つ。

p.162

薩摩川内(せんだい)市 入来麓(いりきふもと)

◉武家町

近世に整備された武家町で、屋敷地の周囲には川の自然石を積んだ生垣が設けられている。防御を意識した造りが特徴。

p.163

南さつま市 加世田麓(かせだふもと)

◉武家町

丘陵の地形を巧みに活かした武家町が広がり、近世の武家屋敷や用水に架かる石橋が独特の景観を形づくっている。

p.162

南九州市 知覧(ちらん)

◉武家町

街路より高く整地された屋敷地が石垣と生垣で囲まれている。名家の敷地内には枯山水など端正な意匠の庭園があり、ぜひ鑑賞したい。

p.163

竹富町(たけとみちょう) 竹富島

◉島の農村集落

白砂の路地にサンゴ石灰岩の石垣が連なり、風で飛ばないよう漆喰で固めた赤瓦葺の家屋が立ち並ぶ。風土に根ざした沖縄の原風景が見られる。

p.163

渡名喜村(となきそん) 渡名喜島(となきじま)

◉島の農村集落

沖縄本島ではあまり見られなくなった赤瓦葺の「掘り下げ屋敷」が見どころ。これは台風対策として道路より約1m掘り下げた敷地に建てたもの。

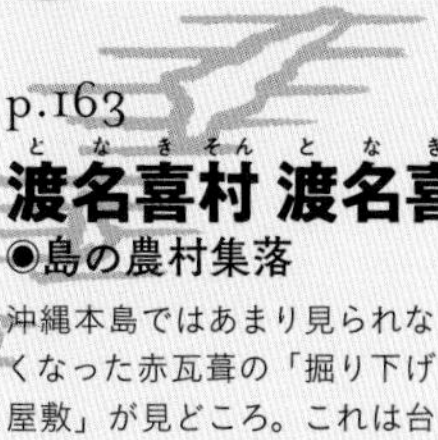

沖縄県

みゆき通りの町並み。左手の草野本家は、重厚な漆喰塗籠の居蔵造で、防火性がある。芋目地貼り（※3）の海鼠壁が特徴的

商家町

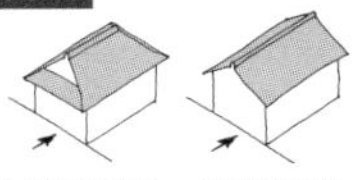

入母屋造妻入　切妻造妻入

大分県 日田市

豆田町

◎交通…JR久大本線「日田駅」から徒歩約15分
◎公開施設…草野本家、日本丸館、廣瀬資料館、薫長酒蔵資料館

入母屋造平入の日本丸館は、安政2年（1855）創業の薬屋。明治期から昭和初期に増築を重ね、展望楼をもつ木造3階建に

草野本家の通りに面した漆喰壁はねずみ色。江戸の建物に多い色で、日田が天領だったことの証とされている

城下町だった頃の整然とした町割を引き継ぎ商家が軒を連ねる

筑後川の支流、三隈川沿いに栄えた日田は、古くから水郷として知られ、九州北部の交通の要衝でもあった。慶長6年（1601）に小川光氏が丸山城を築城し、城下町・丸山と呼ばれたが、寛永16年（1639）に日田が天領（※1）となり、商家町・豆田へと発展した。

城下町の面影を残す豆田町は、南北2本の通りと東西5本の通りが碁盤の目状に走り、江戸時代から大正時代の居蔵造（※2）の商家や真壁造の町家、明治時代の洋館、昭和初期の木造3階建住宅などさまざまな時代の建築が現存している。江戸期の居蔵造は平入、明治期の居蔵造は妻入が多く見られる。

名家・草野家の屋敷は、居蔵造の主屋、蔵3棟、庭園が国重要文化財に指定。最も古い主屋の仏間部は享保10年（1725）ごろの建築だ。

※1：江戸時代における幕府の直轄領のこと　※2：大壁を漆喰で仕上げる蔵造とほぼ同じ防火建築
※3：タイルやレンガ、瓦などを張る時、継ぎ目（目地）を縦・横とも一直線にすること

写真奥の「酢屋の坂」と手前の「塩屋の坂」が、武家地となっている南北の高台を結ぶ

武家町

寄棟造平入

大分県 杵築市(きつき)

北台南台

武家屋敷が立ち並ぶ 南北の高台を 石段の坂道が結ぶ

江戸時代に杵築へ入封した松平(まつだいら)英親(ひでちか)が、海と断崖に囲まれた台地に城下町を形成。南北にある高台の武家地が低地の町人地を挟むという、台地の高低を利用した構造だ。

上級武士や家老の居住区だった南北の高台が保存地区で、北部が北台、南部が南台と呼ばれる。重厚な構えをもつ大原邸などの武家屋敷や、近代以降の商人たちが昔からの地割を活かして建てた和風住宅が立ち並ぶ。屋敷の地割は平均300坪前後と広く、また主屋が道路より奥まった場所に建てられていたため、道路境に趣豊かな土塀、石垣、生垣が設けられ、今も当時の面影をとどめている。

杵築には地形的な特徴から坂道が多い。北台と南台をつなぐ「塩屋の坂」と「酢屋の坂」のコントラストや、くの字形の曲線美を描く「飴屋の坂」が景観に独特の彩りを添える。

上級武士の屋敷構造を残す大原邸。入母屋(いりもや)屋根の重厚な玄関では間口2間・奥行1間もの式台で来客を迎えた

武家町の景観が色濃く残っている北台家老丁。上級武士や家老の屋敷が立ち並び、通りに面して屋敷の土塀が続いている

◎交通…JR日豊本線「杵築駅」から大分交通バスで約10分、「杵築バスターミナル」下車徒歩約6分
◎公開施設…大原邸、能見邸、磯矢邸、中根邸、一松邸

扇状に積まれた飫肥積の石垣の先にあるのは、昭和53年（1978）に復元された飫肥城大手門。樹齢100年以上の飫肥杉が4本も使われている

武家町

寄棟造平入

宮崎県 日南市

飫肥（おび）

◎交通…JR日南線「飫肥駅」から徒歩約15分
◎公開施設…豫章館、旧藩校振徳堂、旧伊東伝左衛門家、旧山本猪平家、旧高橋源次郎家、商家資料館

POINT

武家屋敷の門構え

長屋門

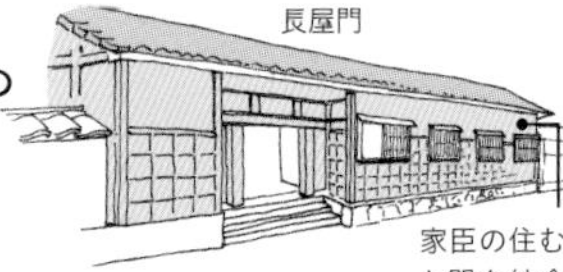

家臣の住む長屋と門を結合したもの。細長い建物の中を抜いて門扉を付ける

薬医門

本柱の後ろに控柱を立て、切妻屋根を掛けた門。屋根の重さを４本（大規模の場合は８本）の柱で支え、倒壊しづらい構造になっている

飫肥藩上級家臣、伊東伝左衛門家。石垣や枯山水のある庭園など19世紀中ごろの典型的な武家屋敷を見学できる

整然と区画された路地に石垣や生垣が連なり立派な武家屋敷が残る

戦国時代、飫肥では伊東家と島津家の勢力争いが続いていた。豊臣秀吉から九州討伐の功績を称えられた伊東祐兵は、天正16年（1588）に飫肥城に入城、初代藩主となった。それ以降、廃藩置県までの280年間、伊東家は14代にわたって飫肥藩を治め、飫肥は5万1千石の城下町として栄えた。

城の周辺には、藩主や上級家臣の屋敷、振徳堂と呼ばれた藩校があり、城から遠ざかるにつれて中級家臣、町人、下級家臣の家々が並んだ。現在も、大手門通りと横馬場通りには立派な石垣に囲まれた武家屋敷群が残り、上級武士の屋敷は石垣の上に板塀を重ねているものもある。その町並みは、切石・玉石積の石垣が印象的だ。さらに薬医門や長屋門の堂々たる構えは、「九州の小京都」と呼ばれる落ち着いた景観を残している。

港町

宮崎県 日向市

美々津

日向市歴史民俗資料館となった幕末築の廻船問屋「河内屋」の建物。屋号には関西の地名が用いられた

◎交通：JR日豊本線「美々津駅」から徒歩約25分

美々津千軒といわれた歴史のある港町に関西風の町家が残る

河口に港をもち、江戸時代から港町として栄えた美々津。関西地方から移ってきた商人が上方文化を持ち込んだ影響で、繊細な京格子や通り庭風の土間など関西町家の特徴を取り入れた廻船問屋の建物が軒を連ねる。河港を離れるにつれ大壁造、瓦葺の小さな妻入町家が多くなり、漁村のような町並みとなる。東西に延びるツキヌケという路地には火除地として共同井戸が設置され、江戸時代の家屋にはバンコと呼ばれる床几（※）があるのも特徴的だ。

床几を折り畳むと壁を雨の跳ね返りから守ることができる

※：1階表側に備え付けられた折り畳み式の縁台

高石垣で築いた土地に部屋を横1列に並べた椎葉型民家が連なる

宮崎県北西部の険しい谷あいに広がる十根川集落。その景観を特徴づけるものといえば、ひな段上の石垣と等高線に沿って横長の形をした民家だ。その造りは椎葉型民家ともいわれ、石垣で築いた細長い敷地に合わせ、部屋を1列に並べた独特な間取りをもつ。主屋の隣には数頭の馬が飼えるほど広い馬屋が建てられ、中には2階建のものも見られる。国重要文化財の那須家住宅（鶴富屋敷）は約300年前の建築と推測され、見学もできる。

那須家住宅。4室と土間を横1列に配し、縁側を設けている

山村集落

宮崎県 椎葉村

十根川

等高線に沿った石垣の上に椎葉型民家が立つ独特の景観。石垣は総じて規模が大きく、高さ4m・長さ40m以上のものも

◎交通：JR九州日豊本線「日向市駅」から宮崎交通バスで約2時間、「上椎葉」から村営バスで約20分

武家町

鹿児島県　出水(いずみ)市

出水麓(いずみふもと)

大規模な武家町の街路に石垣と生垣が連なり独特の歴史的風致を醸し出す

薩摩藩が領内各地に設けた行政区画「外城(とじょう)」の中でも、最大級の規模を誇ったのが出水麓。その中で伝建地区を成している旧武家地では、碁盤の目状の街路と敷地割が江戸前期以来の旧態を保っている。竹添邸や税所(さいしょ)邸など現存する武家屋敷は薬医門(やくいもん)または腕木門（※1）を構え、防衛のために設けられた玉石積(たまいしづみ)の生垣からは美しい庭の木々が垣間見える。古い建物と緑が一体化した町並みは、武家町としての風格を今も保ち続けている。

藩主の仮屋跡から北に延びる竪馬場(たてばば)。石垣と生垣が一体化して連なる

◎交通…JR九州新幹線・肥薩おれんじ鉄道線「出水駅」から徒歩約25分

武家町

鹿児島県　薩摩川内(せんだい)市

入来麓(いりきふもと)

中世の名残をとどめる町割で周囲の山々と調和した緑豊かな武家屋敷群

中世に入来院(いりきいん)氏が山城(やまじろ)を築いて統治し、江戸時代には薩摩藩の外城(とじょう)となった入来麓。伝建地区の北半分には中世の不整形な地割が残り、近世に武家屋敷地として整備された整形な地割とは異なる姿を今に伝える。玉石積の石垣の上にはイヌマキや茶で生垣を造り、茅葺や瓦葺の表門と共に外城特有の屋敷構えを形づくっている。接客用のオモテと生活用のナカエから成る伝統的な主屋の構成は、国重要文化財の旧増田家住宅で見学できる。

入来院家の茅葺門は町のシンボル。敷地を囲む生垣と共に周囲の自然と調和している

◎交通…JR九州新幹線・鹿児島本線「川内駅」から鹿児島交通バスで約40分、「入来支所前」下車すぐ

武家町

鹿児島県　南九州市

知覧(ちらん)

7つの名勝庭園が残る２５０年前に形づくられた静かなたたずまいの武家町

薩摩藩の１１３ある外城(とじょう)の１つだった知覧は、南薩(なんさつ)の要衝として約２５０年前に整備された。領主の知覧島津氏の屋敷を中心とした町割は、防備を兼ねた屈折する街路をもつ城塁型(じょうるいがた)の区画で、今もよく残っている。通りに沿って石垣と生垣が連なり、道路から後退して腕木門(うできもん)（※1）や石柱門（※2）を設けた武家屋敷が並ぶ。屋敷地には江戸中期から後期のものとされる池泉(ちせん)式庭園や枯山水(かれさんすい)庭園が築かれ、その中でも7つが国の名勝指定を受けている。

切石積の石垣の上に刈込の生垣が連続し、敷地内の様子が見えないようになっている

◎交通…JR九州新幹線・鹿児島本線「鹿児島中央駅」から鹿児島交通バスで約1時間10分、「武家屋敷入口」下車すぐ

※1：2本の本柱に腕木を挿し、出桁をのせて屋根を掛けた門　※2：石柱を2本立て、門としたもの

武家町

鹿児島県 南さつま市
加世田麓

水路沿いに石垣、生垣、武家門が設けられた薩摩の中でも独特な麓集落

南さつま市加世田は、薩摩藩独自の外城制度のもと、中世以来の山城周辺に武家集落が形成されて発展。現在も薩摩半島南西部の中心市街地の1つとなっている。近代以降は町の中心が北方に移ったため、江戸中期に整備された益山用水や、自然地形に沿った街路など、伝建地区の地割は往時の姿をよくとどめる。水路に架かる石橋、敷地を画する石垣・生垣や腕木門、街路との間に庭を配してやや奥に建てられた主屋などが特徴的な景観だ。

水路にかかる石橋の向こうに腕木門がある景観は、他の麓集落に見られない特徴だ

◎交通…JR九州新幹線・鹿児島本線「鹿児島中央駅」から鹿児島交通バスで約1時間30分、「加世田」下車徒歩約5分

島の農村集落

沖縄県 渡名喜村
渡名喜島

防風に役立つフクギの屋敷林に囲まれた人口500人の小集落

那覇からフェリーで2時間、渡名喜島は集落全体が伝建地区にあたる。沖縄らしい白砂の道沿いに、日差しに強い赤瓦葺屋根をもつ寄棟造の民家が並ぶ。台風対策として、道路面より1mほど低く掘った土地に家屋を建て、屋根と道路がほぼ同じ高さになるようにした「掘り下げ屋敷」が特徴的だ。さらにサンゴ、またはサンゴ灰岩による石垣や、風を防ぎ日差しを和らげるフクギの屋敷林で敷地を囲み、自然と共に暮らした歴史ある景観が今もよく残る。

石段を下りて道路より低い屋敷地へ。寄棟造の木造住宅は屋根の赤瓦が美しい

◎交通…那覇・泊港からフェリーで約1時間55分、「渡名喜島」下船

島の農村集落

沖縄県 竹富町
竹富島

サンゴの石垣、赤瓦屋根の民家が織りなす南国の集落風景

竹富島は周囲約9kmのサンゴ礁でできた楕円状の小島である。伝建地区は島の中心部の東集落、西集落、仲筋集落から成り、周りを樹林地、農地、保安林、サンゴが同心円状に囲む。集落の道にはサンゴ白砂が敷かれ、民家がグック（石垣）で囲まれ整然と並ぶ。建物は寄棟造の平屋で、軒高が低いフーヤ（主屋）にトーラ（炊事棟）を連ねた分棟型が一般的。入口のマイヤシ（※3）や魔除けのシーサーも昔ながらの沖縄の特徴的な景観となっている。

沖縄特有の赤瓦は暴風で飛ばされぬよう漆喰で固められている

◎交通…石垣港離島ターミナルから高速船で約10分、「竹富東港」下船徒歩約20分

※3：家屋の正面に目隠しや魔除けとして置かれる石垣

掲載地区問い合わせ先

都道府県	地区名	種類	問い合わせ	ページ
青森	黒石市中町こみせ通り	商家町	黒石観光協会 Tel：0172-52-3488	16
北海道	函館市元町末広町	港町	函館国際観光コンベンション協会 Tel：0138-27-3535	22
青森	弘前市仲町	武家町	弘前市教育委員会文化財課 Tel：0172-82-1642	22
岩手	金ケ崎町城内諏訪小路	武家町	金ケ崎町観光協会 Tel：0197-42-2710	23
宮城	村田町村田	商家町	(一社) 村田町観光物産協会 Tel：0224-83-2113	23
秋田	仙北市角館	武家町	角館町観光協会 Tel：0187-54-2700	24
秋田	横手市増田	在郷町	一般社団法人 増田町観光協会 Tel：0182-45-5541	26
福島	下郷町大内宿	宿場町	大内宿観光案内所 Tel：0241-68-3611	27
福島	南会津町前沢	山村集落	南会津町観光物産協会 Tel：0241-64-3000	28
福島	喜多方市小田付	在郷町・醸造町	(一社) 喜多方観光物産協会 Tel：0241-24-5200	28
山形	尾花沢市銀山温泉	温泉町	銀山温泉観光案内所 Tel：0237-28-3933	29
千葉	香取市佐原	商家町	(一社)水郷佐原観光協会 Tel：0478-52-6675	32
茨城	桜川市真壁	在郷町	桜川市観光協会 Tel：0296-55-1159	36
栃木	栃木市嘉右衛門町	在郷町	栃木市地域振興蔵の街課 Tel：0282-21-2571	37
埼玉	川越市川越	商家町	小江戸川越観光協会 Tel：049-227-9496	38
群馬	桐生市桐生新町	製織町	桐生市観光交流課 Tel：0277-46-1111	40
群馬	中之条町六合赤岩	山村集落・養蚕集落	中之条町観光協会 Tel：0279-75-8814	40
神奈川	横浜市山手	洋館群	(公財) 横浜市緑の協会 山手西洋館等管理事務所 Tel：045-323-9500	41
新潟	佐渡市宿根木	港町	佐渡観光交流機構 Tel：0259-27-5000	44
山梨	早川町赤沢	山村集落・講中宿	早川町観光協会 Tel：0556-48-8633	44
山梨	甲州市塩山下小田原上条	山村集落・養蚕集落	甲州市役所観光商工課 Tel：0553-32-2111	44
長野	千曲市稲荷山	商家町	信州千曲観光局 Tel：026-261-0300	45
長野	塩尻市木曾平沢	漆工町	塩尻市観光協会 Tel：0263-54-2001	45
長野	長野市戸隠	宿坊群・門前町	(一社) 戸隠観光協会 Tel：026-254-2888	45
長野	塩尻市奈良井	宿場町	塩尻市観光協会 Tel：0263-54-2001	46
長野	東御市海野宿	宿場町・養蚕町	(一社) 信州とうみ観光協会 Tel：0268-62-7701	50
長野	白馬村青鬼	山村集落	白馬村観光局インフォメーション Tel：0261-85-4210	51
長野	南木曽町妻籠宿	宿場町	(一社) 南木曽町観光協会 Tel：0264-57-2727	52
富山	高岡市金屋町	鋳物師町	高岡市観光協会 Tel：0766-20-1547	58
富山	高岡市山町筋	商家町	高岡市観光協会 Tel：0766-20-1547	59
富山	高岡市吉久	在郷町	高岡市観光協会 Tel：0766-20-1547	60
富山	南砺市五箇山相倉	山村集落	南砺市観光協会五箇山支部 Tel：0763-66-2468	60

都道府県	地区名	種類	問い合わせ	ページ
富山	南砺市五箇山菅沼	山村集落	南砺市観光協会五箇山支部 Tel：0763-66-2468	60
石川	金沢市東山ひがし	茶屋町	金沢市観光協会 Tel：076-232-5555	61
石川	金沢市主計町	茶屋町	金沢市観光協会 Tel：076-232-5555	62
石川	金沢市卯辰山麓	寺町	金沢市観光協会 Tel：076-232-5555	63
石川	金沢市寺町台	寺町	金沢市観光協会 Tel：076-232-5555	63
石川	輪島市黒島	船主集落	門前町観光協会 Tel：0768-42-0360	66
石川	白山市白峰	山村集落・養蚕集落	白峰観光協会 Tel：076-259-2721	66
石川	加賀市加賀東谷	山村集落	加賀市観光情報センター Tel：0761-72-6678	66
石川	加賀市加賀橋立	船主集落	加賀市観光情報センター Tel：0761-72-6678	67
福井	小浜市小浜西組	商家町・茶屋町	若狭おばま観光協会 Tel：0770-53-1111	67
福井	南越前町今庄宿	宿場町	（一社）南越前町今庄観光協会 Tel：0778-45-0074	67
福井	若狭町熊川宿	宿場町	若狭町歴史文化課 Tel：0770-45-2270	68
岐阜	白川村白川郷荻町	山村集落	白川郷観光協会 Tel：05769-6-1013	72
岐阜	美濃市美濃町	商家町	美濃市観光協会 Tel：0575-35-3660	78
岐阜	高山市下二之町・大新町	商家町	飛騨・高山観光コンベンション協会 Tel：0577-36-1011	80
岐阜	高山市三町	商家町	飛騨・高山観光コンベンション協会 Tel：0577-36-1011	82
岐阜	恵那市岩村町	商家町	恵那市観光協会 Tel：0573-25-4058	82
岐阜	郡上市郡上八幡北町	城下町	郡上八幡観光協会 Tel：0575-67-0002	83
岐阜	飛騨市飛騨古川	城下町	飛騨市観光協会 Tel：0577-74-1192	84
静岡	焼津市花沢	山村集落	（一社）焼津市観光協会 Tel：054-626-6266	85
愛知	名古屋市有松	染織町	名古屋市観光文化交流局歴史まちづくり推進室 Tel：052-972-2782	85
愛知	豊田市足助	商家町	足助観光協会 Tel：0565-62-1272	86
三重	亀山市関宿	宿場町	亀山市観光協会 Tel：0595-97-8877	87
京都	京都市産寧坂	門前町	京都総合観光案内所 Tel：075-343-0548	90
京都	京都市上賀茂	社家町	京都総合観光案内所 Tel：075-343-0548	93
京都	京都市祇園新橋	茶屋町	京都総合観光案内所 Tel：075-343-0548	94
京都	京都市嵯峨鳥居本	門前町	京都総合観光案内所 Tel：075-343-0548	95
京都	南丹市美山かやぶきの里	山村集落	美山町観光協会 TEL：0771-75-1906	96
京都	伊根町伊根浦	漁村	伊根町観光協会 Tel：0772-32-0277	100
京都	与謝野町加悦	製織町	与謝野町観光協会 Tel：0772-43-0155	100
滋賀	大津市坂本	里坊群・門前町	坂本観光案内所 Tel：077-578-6565	101
滋賀	彦根市河原町芹町	商家町	彦根観光協会 Tel：0749-23-0001	101
滋賀	東近江市五個荘金堂	農村集落	東近江市観光協会 Tel：0748-29-3920	101

都道府県	地区名	種類	問い合わせ	ページ
滋賀	近江八幡市近江八幡	商家町	近江八幡観光物産協会 Tel：0748-32-7003	102
大阪	富田林市富田林	寺内町・在郷町	富田林市文化財課 Tel：0721-25-1000	106
兵庫	神戸市北野町山本通	港町	北野観光案内所 Tel：078-251-8360	106
兵庫	丹波篠山市篠山	城下町	丹波篠山観光協会 Tel：079-506-1535	107
兵庫	丹波篠山市福住	宿場町・農村集落	丹波篠山観光協会 Tel：079-506-1535	107
兵庫	豊岡市出石	城下町	但馬國出石観光協会 Tel：0796-52-4806	108
兵庫	養父市大屋町大杉	山村集落・養蚕集落	やぶ市観光協会 Tel：079-663-1515	112
兵庫	たつの市龍野	商家町・醸造町	たつの市観光協会 Tel：0791-64-3156	112
兵庫	豊岡市城崎温泉	温泉町	城崎温泉観光協会 Tel：0796-32-3663	113
奈良	奈良市奈良町	門前町・商家町	奈良市総合観光案内所（一般観光案内） Tel：0742-27-2223	113
奈良	橿原市今井町	寺内町・在郷町	橿原市観光協会 Tel：0744-20-1123	114
奈良	五條市五條新町	商家町	五條市まちなみ伝承館 Tel：0747-26-1330	114
奈良	宇陀市松山	商家町	宇陀市観光協会 Tel：0745-82-2457	115
和歌山	湯浅町湯浅	醸造町	湯浅町観光協会 Tel：0737-22-3133	115
岡山	倉敷市倉敷美観地区	商家町	倉敷観光コンベンションビューロー Tel：086-421-0224	118
岡山	津山市城東	商家町	津山市観光協会 Tel：0868-22-3310	124
岡山	津山市城西	寺町・商家町	津山市観光協会 Tel：0868-22-3310	124
岡山	高梁市吹屋	鉱山町	成羽町観光協会吹屋支部 Tel：0866-29-2222	125
岡山	矢掛町矢掛宿	宿場町	やかげDMO（(一財）矢掛町観光交流推進機構） Tel：0866-83-0001	125
広島	呉市御手洗	港町	御手洗休憩所 Tel：0823-67-2278	125
広島	竹原市竹原	製塩町	竹原市観光協会 Tel：0846-22-4331	126
広島	福山市鞆町	港町	福山観光コンベンション協会 Tel：084-926-2649	128
広島	廿日市市宮島町	門前町	(一社）宮島観光協会 Tel：0829-44-2011	128
鳥取	倉吉市打吹玉川	商家町	倉吉白壁土蔵群観光案内所 Tel：0858-22-1200	129
鳥取	大山町所子	農村集落	大山町役場観光課文化財室 Tel：0859-53-3136	130
鳥取	若桜町若桜	商家町	若桜町観光協会観光協会 0858-82-2237	130
島根	大田市温泉津	港町・温泉町	大田市観光協会温泉津支部 Tel：0855-65-2065	131
島根	大田市大森銀山	鉱山町	大田市観光協会 Tel：0854-88-9950	131
島根	津和野町津和野	武家町・商家町	津和野町観光協会 Tel：0856-72-1771	132
山口	柳井市古市金屋	商家町	柳井市観光協会 Tel：0820-23-3655	133
山口	萩市堀内	武家町	萩市観光協会 Tel：0838-25-1750	134
山口	萩市平安古	武家町	萩市観光協会 Tel：0838-25-1750	134
山口	萩市浜崎	港町	萩市観光協会 Tel：0838-25-1750	135

都道府県	地区名	種類	問い合わせ	ページ
山口	萩市佐々並市	宿場町	萩市観光協会 Tel：0838-25-1750	135
徳島	美馬市脇町	商家町	美馬市経済部観光交流課 Tel：0883-52-5610	138
徳島	三好市東祖谷落合	山村集落	三好市観光案内所 Tel：0883-76-0877	140
徳島	牟岐町出羽島	漁村	牟岐町観光協会 Tel：0884-72-0065	140
香川	丸亀市塩飽本島笠島	港町	丸亀市観光協会 Tel：0877-22-0331	141
愛媛	西予市宇和町卯之町	在郷町	宇和先哲記念館 Tel：0894-62-6700	141
愛媛	内子町八日市護国	製蠟町	内子町ビジターセンター Tel：0893-44-3790	142
高知	室戸市吉良川町	在郷町	室戸市観光協会 Tel：0887-22-0574	145
高知	安芸市土居廓中	武家町	安芸市観光協会 Tel：0887-35-1122	145
福岡	朝倉市秋月	城下町	あさくら観光協会 Tel：0946-24-6758	148
福岡	うきは市筑後吉井	在郷町	うきは観光みらいづくり公社 Tel：0943-76-3980	148
福岡	うきは市新川田篭	山村集落	うきは観光みらいづくり公社 Tel：0943-76-3980	149
福岡	八女市八女福島	商家町	八女市茶のくに観光案内所 Tel：0943-22-6644	149
福岡	八女市黒木	在郷町	黒木町観光協会 Tel：0943-42-9190	149
佐賀	鹿島市浜中町八本木宿	醸造町	鹿島市観光協会 Tel：0954-62-3942	150
佐賀	鹿島市浜庄津町・浜金屋町	港町・在郷町	鹿島市観光協会 Tel：0954-62-3942	151
佐賀	嬉野市塩田津	商家町	嬉野温泉観光協会 Tel：0954-43-0137	151
佐賀	有田町有田内山	製磁町	有田観光協会 Tel：0955-43-2121	152
長崎	長崎市東山手	港町	長崎国際観光コンベンション協会 Tel：095-823-7423	154
長崎	長崎市南山手	港町	長崎国際観光コンベンション協会 Tel：095-823-7423	154
長崎	平戸市大島神浦	港町	平戸観光協会 Tel：0950-23-8600	155
長崎	雲仙市神代小路	武家町	雲仙観光局 Tel：0957-73-3434	155
大分	日田市豆田町	商家町	日田市観光協会 Tel：0973-22-2036	158
大分	杵築市北台南台	武家町	杵築市観光協会 Tel：0978-63-0100	159
宮崎	日南市飫肥	武家町	日南市観光協会 Tel：0987-31-1134	160
宮崎	日向市美々津	港町	日向市観光協会 Tel：0982-55-0235	161
宮崎	椎葉村十根川	山村集落	椎葉村観光協会 Tel：0982-67-3139	161
鹿児島	出水市出水麓	武家町	出水市観光物産品協会 Tel：0996-79-3030	162
鹿児島	薩摩川内市入来麓	武家町	入来麓観光案内所 Tel：0996-44-5200	162
鹿児島	南九州市知覧	武家町	南九州市観光協会 Tel：0993-58-7577	162
鹿児島	南さつま市加世田麓	武家町	南さつま市観光協会 Tel：0993-53-3751	163
沖縄	渡名喜村渡名喜島	島の農村集落	渡名喜村役場 Tel：098-989-2002	163
沖縄	竹富町竹富島	島の農村集落	竹富町観光協会 Tel：0980-82-5445	163

写真提供（掲載順）
アマナイメージズ（P.37・38・46・49・51・63・72・90・92・93・94・95・135・141・150・152・155・162）、下郷町・下郷町教育委員会（P.14・27）、福島県喜多方市教育委員会（P.15・28）、伊能忠敬記念館（P.35）、裏辺研究所（P.39）、NPO法人日本上流文化圏研究所（P.44）、長野県観光機構（P.43・50・52・55）、長野市教育委員会事務局（P.43・45）、高岡市教育委員会（P.56・59・60）、石川県観光連盟（P.56・57・62・64 ～ 67）、南砺市交流観光まちづくり課（P.56・60）、金沢市（P.57・61・63 ～ 65）、小浜市文化観光課（P.57 ・67）、南越前町教育委員会（P.56・67）、岐阜県白川村役場（P.71・72・74 ～ 77）、J-POWER［電源開発㈱］（P.76）、大津市（P.88・101）、彦根市教育委員会文化財課（P.88・101）、東近江市観光協会（P.88・101）、近江八幡観光物産協会（P.88・103）、美山町観光協会・美山民俗資料館（P.89）、与謝野町観光協会（P.89・100）、Seeone平田洋一（P.96・97）、近江八幡市（P.102・103）、一般社団法人橿原市観光協会（P.104・114）、宇陀市教育委員会（P.104・115）、豊岡市出石振興局（P.105・108 ～ 111）、養父市教育委員会（P.99・112）、たつの市都市政策部町並み対策課（P.99・112）、株式会社地域活性局（P.113）、クラボウ（P.122）、岡山県観光連盟（P.116・124・125）、津山市観光文化部歴史まちづくり推進室（P.116・124）、広島県（P.116・125 ～ 127）、矢掛町教育委員会（P.116・125）、竹原市教育委員会文化生涯学習課（P.116・127）、福山市経済環境局（P.116・128）、廿日市市建設部都市計画課歴史まちなみ推進係（P.117・128）、鳥取県（P.116・129）、大山町教育委員会（P.116・130）、若桜町経済産業課（P.116・130）、大田市教育委員会（P.117）、山口県観光連盟（P.117）、萩市（P.117・134・135）、震湯カフェ内蔵丞・内藤家（P.131）、津和野町教育委員会（P.132）、牟岐町教育委員会（P.136・140）、（公社）香川県観光協会（P.136・141）、うきは市教育委員会（P.146・148・149）、雲仙市教育委員会（P.146・155）、（一社）佐賀県観光連盟（P.147）、長崎市教育委員会（P.147・154）、鹿島市商工観光課（P.151）、©グラバー園（P.154）、杵築市教育委員会（P.159）、南さつま市教育委員会（P.157・163）、©沖縄観光コンベンションビューロー（P.157・163）、竹富町観光協会（P.163）

にっぽん歴史町めぐり

2023年10月6日　初版第1刷発行

発行者　三輪浩之

発行所　株式会社エクスナレッジ
〒106-0032
東京都港区六本木7-2-26
https://www.xknowledge.co.jp/

問合せ先　編集　Tel：03-3403-6796
Fax：03-3403-0582
info@xknowledge.co.jp
販売　Tel：03-3403-1321
Fax：03-3403-1829